月と蛇と縄文人

大島直行

角川文庫
22143

はじめに

本書で私は、私たちの祖先である縄文人の精神世界——つまりその「こころ」について書こうと思います。

縄文人は現代に生きる私たちには理解しにくい知的な精神世界に生きていました。それは人類学者が「神話的思考」あるいは「野生の思考」と呼ぶ「ものの考え方」から生み出された不思議な精神世界です。このものの考え方はじつは人類の根源的な考え方でもあるのですが、残念なことにほとんどの考古学者はそのことを理解していません。また、考古学ファン・縄文ファンを自認する方々もこのことに気づいてはいません。縄文文化に関心を持つ多くの人が、縄文人も現代人と同じように合理的で科学的な思考方法でものを考えていたと思っているのではないでしょうか。

私もまた、そういう考古学者の一人でした。しかし一冊の本を通じてドイツの日本学者ネリー・ナウマンと出会い、それがきっかけとなって縄文人が現代人とは異なるものの考え方によって土器づくりなどを行なっていることに気づきました。土器や土偶の形が奇妙奇天烈《きてれつ》に見えるのは、彼らの造形技術が拙いからではなく、独特の世界観（神話的世界観）によって表現されているからだと気がついたのです。
考えてみてください。たとえば博物館などで初めて縄文土器を見たとき、まずこんな疑問がわいてこなかったでしょうか。

縄文人はなぜ土器に縄で模様を付けたのか？
縄文人はなぜ尖《とが》り底の土器を作ったのか？

あるいは縄文土偶を見たとき、こんなふうに思いませんでしたか。

なぜ土偶の口はポカンと開いているのか？
なぜどの土偶も裸の女性なのか？

縄文土器・土偶を見た誰もが不思議に思うはずです。縄文土器の縄の模様（縄文）の意味するところは何なのか、煮炊きに使ったと思われる土器の底がなぜ安定していないのか。一般的な解釈では、土器の使い勝手や見た目の美しさを追求した結果であり、たとえば縄の模様は「すべり止め」、尖り底の土器は「煮炊きをするのに効率的な形だから」ということになります。しかし本当にそうでしょうか。すべての土器に縄模様があるわけではなく、すべり止めにはならないような縦方向の縄模様の土器も多いのです。

一方、土偶については、よく「女神」「精霊」「守護神」などと説明されていますが、ポカンと開いた口や女性ばかりであることについては解説されません。考古学者が書いた展覧会の図録などには「妊娠した女性の精霊」とか「色の白い胸の大きな女性」とか「顔はあどけない少女なのに体は成熟した大人」などといったセクハラまがいの「感想」が書かれているばかりです。とどのつまり、土器についても土偶についても考古学は明確な答えを出せていないのです。

出土品ばかりではありません。発掘された縄文遺跡についても同じです。たとえば次のような疑問に考古学は明確に答えることはできません。

なぜ死者を穴に埋めるのか？
なぜ地面に穴を掘って住む（竪穴住居《たてあな》）のか？
なぜ何百年ものあいだ貝殻を同じ場所に積んだ（貝塚）のか？
なぜストーンサークルは円《まる》いのか？
なぜムラ（住居の配置）を環状にするのか？

考古学における縄文文化の研究では、これまで素材や製作方法など道具や施設に関する物質的・技術的な側面だけが議論され、縄文人がどのような考えのもとにそれらをデザインしたのかという、いわば精神的側面の研究がないがしろにされてきました。さまざまな造形のかげに「神話的な思考」「野生の思考」といった人類の根源的なものの考え方が横たわっているなどとは夢にも思いません。

人間の行動の基盤にあるものは「思考」です。縄文人も同じ人間ですから、当然ものを考えながら生きていました。ただし、縄文人は、私たち現代人とは異なるものの考え方――「神話的思考」「野生の思考」でものを考えていたということを知る必要があります。

「野生の思考」というのは、二〇世紀の知性と呼ばれた人類学者クロード・レヴィ＝ストロースが指摘した、人間の誰もが遺伝的に持っている脳の生理機構に根ざしたものの考え方のことです。たとえば世界中の民族にはそれぞれに「神話」があります。現代人の科学的思考からするとありえないような話が神話にはたくさん出てきますが、それは「史実」ということではありません。実際に起こったことを叙述しているのではなく、なぜ「もの」（動物・植物・鉱物）が存在し、「こと」（気象・自然）が起きるのかについての「考え方」（野生の思考）を述べているのだとレヴィ＝ストロースは指摘しています。長い間、人間はもっぱらこうした思考方法でものを考え行動してきたのです。

そうした縄文人の精神性をないがしろにして、なぜ考古学は物質的・技術的な研究しかしてこなかったのでしょう。理由は簡単です。縄文土器や土偶、お墓や竪穴の様式に込められた縄文人の精神性（神話的思考）を読み解くための方法を、考古学という学問は持っていなかったからです。そしてそれはいまだに持ちえていません。なぜでしょう。その方法を考古学が得るためには、ほかの学問に助けを求めなくてはならないからです。考古学者はそれを避けてきました。

またその一方で、考古学の世界では出土品などの分類が目的化してしまい、ほかの学問の成果を取り入れて縄文人の精神性を明らかにするという作業を長い間怠ってきたのです。次から次と掘り出される資料の分類につねに翻弄されていて、その余裕がなかったともいえますが。

どんな学問もそうですが、考古学もまた「人間とは何か」を明らかにするためにあります。ですから縄文人についても、もっと人間としての側面から研究することが必要なことは明らかです。科学も文字もない社会で生きていくためには、もっぱら「人類の根源的なものの考え方」を用いて「世界（自然）を認識する」ことが必要だったはずです。

人類の根源的なものの考え方とは、合理的・科学的思考でものを考える、あるいは経済的価値観を至上とするような現代社会に生きる私たちが、はるか昔に失ってしまった思考方法といってよいでしょう。おそらく、そうした思考方法によって世界を認識し生きてきた縄文人たちの行動には、人間とは何かを考えるためのヒントが満ち溢《あふ》れているに違いありません。

「人間とは何か」――その研究により長い間取り組んできた学問は、心理学や宗教学、民族学（文化人類学）、民俗学、言語学、神話学、そして哲学などではないでしょうか。だとしたら考古学（縄文研究）にもその研究成果を取り入れることが必要だと私は考えます。しかし、縄文人の精神性の研究を行なってこなかった〝正統派〟考古学者からすると、それは〝御法度〟なのです。なぜなら現代の考古学には、縄文人の生活を司《つかさど》っていたと思われる神話的思考を「科学的」に証明する手立てがないからです。

加えて考古学者は、民族学や民俗学が扱う「人間」と、何千年も昔の縄文時代の「人間」はまったく別ものだと考えているのです。ですから考古学者は、民族学や民俗学に、ましてや神話学にはまったく手を出しません。かつて「神話」が侵略戦争の原動力となった皇国史観の形成に深く関与したということも、日本の考古学者が神話学をタブー視してきた大きな理由にもなっています。

そうしたタブーを破って私は、亡きネリー・ナウマンが遺《のこ》したいくつかの著作と論文を指南役に、ほかの人文科学の成果も取り入れながら、「神話的思考に基づく縄文文化」という未知の世界に分け入ってみたいと思います。取り入れた手法（概念）は、心理学の「普遍的無意識と元型（グレートマザー）」、宗教学の「イメージとシンボル」、そして修辞学の「レトリック」です。いずれも人間の根源的なものの考え方にかかわる概念です。

こうした概念を用いて縄文人の精神性（神話的世界観）を体系的にわかりやすく読み解いた本はこれまでありません。それはタブー視されてきたのですから、本書の試みは〝正統派〟考古学者からは顰蹙《ひんしゅく》を買うことになるでしょう。しかし、縄文文化の本質を捉《とら》えた概説書としては、多くの考古学ファン・縄文ファンの役に立つものではないかと秘《ひそ》かに期待しています。

前置きはこれくらいにして、さっそく「シンボリズム」と「レトリック」を用いて、縄文人の「こころ」を見つける旅に出ることにいたしましょう。

目次

人間はそれほど速くは変わらない。人間の心理は根底のところは同一である。もしも人間の文化が時代とともにかなり変化するとしても、それはまだ、人間の精神の機能を変化させるものではない。精神の基本的な法則は、少なくともわれわれの知るごく短い歴史時代については、変わっていない。そしてほとんどすべての現象は、どれほど奇妙なものでも、われわれが自分みずからの内部でたしかめることができる精神のこれら共通の法則によって説明されうるはずである。

——ギョーム・フェルロ（野村美紀子訳）

第Ⅰ章　縄文人のものの考え方

意識という概念の諸相を明らかにするには、（必然的に！）隠喩を使わざるをえない。このメタファーが、考古学者（や他の人たちの）の人間の意識についての考え方における――すなわち、「移行期」にあって人間であるということはどういうことなのか、という点における――いくつかの深刻な欠落を明るみに出してくれるように、私は願っている。現代西洋社会は、知性に重きを置きすぎるあまり、意識のある種の形態を抑制し、それを非理性的で周縁的、常軌を逸した病的なものとさえみなし、そうすることで悠遠なる過去についての研究からそのような意識を排除する傾向にある。

――デヴィッド・ルイス＝ウィリアムズ（港千尋訳）

1　縄文の謎はなぜ解けない

素朴な疑問から

縄文文化に関心のある人なら、竪穴《たてあな》住居がどのような形をしているのか、だいたいおわかりだと思います。最近は、史跡に指定された遺跡などで竪穴住居が復元されることも多く、実際にご覧になった方もおられるでしょう。たいていは竪穴の中に柱が立てられ、茅《かや》で円錐形に屋根が葺《ふ》かれています。

しかしよく考えてみましょう。縄文時代の住居はなぜ竪穴なのでしょうか。しかも竪穴の多くは円や楕円《だえん》を描くように掘られていますが、それはなぜなのでしょう。残念ながら、どんな考古学の本にもその答えは書いていません。

お墓も同じです。縄文人のお墓のほとんどは土葬で、大地に円や楕円形を描くように穴を掘って死者を葬ります。これはなぜでしょう。じつは人間は、世界中どこの国でも多くの場合、死者を穴に埋めるのですが、なぜ人が死ぬと穴を掘って埋めるのかという問いにも、考古学者からの明快な答えはありません。考古学者はなぜそれらの答えを出さないのでしょう。

唯物史観の戦後考古学

戦後、考古学者の多くはマルクス主義の影響もあって「史的唯物論」（唯物史観）というものの考え方で縄文社会の「発展」を読み解こうとしてきました。今もそういう傾向にあります。史的唯物論というのは、人間は、労働（技術）によって物質的な生産性を高め、合理的・科学的な思考方法を発展させてきたという考え方です。戦後の考古学者たちは縄文人が作り出した技術から、彼らの社会の発展の様子を読み解こうとしたのです。

そのため縄文人が住居や墓をどのように作ったのかを解き明かし、そこに段階的（歴史的）な発展の軌跡を発見したつもりでした。しかし、なぜ穴を円く掘って住居にしたのか、なぜ墓穴を円く掘って人を埋めたのか、その意味するところについて、いくら合理的・科学的な考え方で紐解《ひもと》こうとしても答えは見つかりませんでした。

たとえば、縄文土器は煮炊きをするために発明されたと誰もが思っています。しかし、なぜ四角ではなく（最初は四角い土器も作ったようですが）円い形に作ったのか、また、なぜ尖《とが》り底の土器を作ったのかという問いに対しては誰も答えていません。世界中の土器を見ても、縄文土器のようにゴテゴテと飾り立てた器は例がありませんから、たしかに縄文土器は相当に不思議な器です。

考古学者は、そうした土器を作った縄文人の行為を「作業」とか「労働」という視点からしか見ようとしませんでした。しかも、それは「作業効率」あるいは「生産性」という合理性・経済性を重視する視点です。考古学者は最初から縄文土器を煮炊き用の鍋《なべ》だと決めつけていますが、もしかしたらそうじゃないかもしれません。別な用途のために土器をあのような形に作り、たまたま鍋としても利用していただけかもしれないのです。これだけ科学が発達した時代に生きる私たちでさえ、神さま仏さまの祭り（祀《まつ》り）やお月見などの行事を大切にし、絵画や音楽などに心を動かされたりしています。合理性や経済性だけで生きているわけではありません。縄文人は、私たち以上に、そうしたことにエネルギーを使っていたのかもしれませんし、土器なども経済効率以外の考え方でその形を決めていたのかもしれません。

しかし戦後の考古学者はそうした「心性」を縄文文化の研究には求めてきませんでした。それがごく最近になって（戦後六〇年以上を経て）、ようやく考古学者もそのことに気づき始め、縄文人の心の読み解きに取り組む人が出るようになりました。ですが、縄文人の行為がどのような考え方に基づくものなのかは依然として明らかにすることができていません。そんなときに、私の前に現われたのが、ドイツ人の日本学者ネリー・ナウマン（一九二二〜二〇〇〇年）だったのです。

ネリー・ナウマンの登場

ナウマンは、宗教学者のミルチャ・エリアーデ（一九〇七〜一九八六年）の研究から、人間がとても宗教的で象徴的なものの考え方をすることを、しかも、それが人間の根源的な心性に根ざしたものであることを学びました。「人間の根源的な心性」とは神話的な思考のもとになる考え方です。

人間の根源的な心性に最初に気がついた学者は、心理学者のジークムント・フロイト（一八五六〜一九三九年）です。フロイトは、それを「無意識」と呼び、「夢」が無意識の領域で作られることを指摘して世界を驚かせました。さらに、無意識には個人的な無意識だけでなく、神秘性や聖なるものを感じる誰もが持っている共通の心、「普遍的無意識」（あるいは「集合的無意識」）があることを指摘したのがカール・ユング（一八七五〜一九六一年）でした。エリアーデは、こうした心性が「象徴作用」（シンボリズム）を通して宗教や信仰などに結びつくということを見出《みいだ》したのです。

私は、このエリアーデの宗教学的視点を導入したネリー・ナウマンの研究に刺激され、これまでとは大きく異なる視座から縄文研究に取り組んでみることにしました。つまり、縄文人のものづくりは、私たち現代人が忘れてしまった「人間としての根源的なものの考え方」に基づいて行なわれているのではないかという視座です。縄文人の心性（精神性）をこれまでの考古学が読み解くことができなかったのは、おそらくこの視座を欠き、ひたすら発展的・経済的な技術論にこだわり続けてきたことにあるのではないでしょうか。ネリー・ナウマンが行なった研究は、そんな日本の縄文文化研究に一石を投じました。そこでまずは、ユングとエリアーデ、そしてナウマンの声に耳を傾けていくことにします。

2　ユングとエリアーデ

深層心理学を開拓したユング

カール・ユングはスイスに生まれた精神分析学の大家です。彼の開拓した深層心理学は、人間の精神の隠れた領域を「無意識」として光をあてたフロイトの研究を、さらに深めた点で高く評価されています。

ユングは、フロイトのように無意識の本質を抑圧された病的な心性とは考えず、意識を支える重要な働きをするものと位置づけました。無意識には、「個人的無意識」と、個人とは関係のない「普遍的無意識」という二つの層があるといいます（『分析心理学』『ユングの象徴論』『人間と象徴』）。

個人的無意識は、「かつて意識されていたが忘却または抑圧によって意識から姿を消してしまった内容の集成」であり、幼児期の記憶で終わる性質だといいます。これに対し、普遍的無意識は、「個人的無意識とは違って個人の経験から生まれるものではない。したがって個人が獲得するものではない、という事実によって区別される」もので、「もっぱら遺伝によって存在するもの」だと考えられています。さらに、この普遍的無意識は、人類発展の巨大な精神的遺産であり、文化の相違を越えて人類に共通の実体、人類の長い歴史を通して全体的に獲得され、世代を通じて継承されてきた深層構造だとも述べています。

ユングは、こうした普遍的無意識の内容は、「元型」で構成されていることも指摘しました（『元型論』）。元型は、多種多様なイメージ（表徴・印象）やシンボル（象徴）を生み出す心理機構で、人間には普遍的に存在するものであるといいます。元型とは、「痕跡、つまり、意味においても、また形式においても神話的モチーフを含む太古的な性格をもったもののある特定の集合を意味します。神話モチーフは、おとぎ話や神話や伝説などの民俗的な伝承の中に純粋な形で現われます」として、神話的モチーフの例に、英雄や救世主や竜などをあげています。

つまり、そうした普遍的無意識や元型を背景にした心理的メカニズムの中から生まれてくるイメージやシンボルが、神話やメルヘンを創り上げていくのです。

一方、エリアーデはどのような考え方をしていたのでしょうか。

エリアーデの象徴理論

ミルチャ・エリアーデはルーマニアに生まれた二〇世紀最大の宗教学者です。年齢差はありましたがユングとの信頼関係は篤《あつ》く、生涯にわたって親交を深めました。エリアーデはユングの深層心理学に傾倒し、彼のイメージやシンボルについての考え方は、ユングの影響を少なからず受けているようです。

しかしながら、エリアーデがユングの「無意識」や「元型」という概念とは距離を置き、独自の「超意識」や「模型」という考え方を確立したのは、彼が、「人間は、シンボルを操る人間（homo symbolicus）なのであって、全ての宗教的諸事実は必然的にシンボル的性格をおびている。宗教的行動と祭祀の目的は悉《ことごと》く超経験的実在を目指している、という想像ほど確かなものはない。祭祀の対象となる〝樹〟は、樹として崇拝されるのではなく、聖体示現（ヒエロファニー）として、聖なるものの顕現として崇拝されるのである。宗教的行動はどれも、それが宗教的であるというまさにそのことによって、結局は《シンボル的》である意味を付与されている」というように、心理学ではなく、宗教学の視点から人間の象徴性を見つめたからでしょう（『悪魔と両性具有』）。

エリアーデは、人間が「世界」を認識するのは単に生理的な機能によるものではなく、「呪術宗教的心性《じゅじゅつ》」を持っているからだといいます。それは人間にとってきわめて根源的な、ユングのいう「無意識」を超えた「超意識」ともいえる心性で、神秘的な宗教体験（模範型）を通してのみ認識できる心的構造だといいます。この神秘的な宗教体験は、二つの宗教的象徴作用からなります。それが、「イメージ」と「シンボル」です（『イメージとシンボル』）。

「イメージ」は、さまざまな事象に「聖なるもの」を見出すヒエロファニーの作用であり、それを象徴的に捉《とら》える作用が「シンボリズム」です。もちろん神話の中にも、こうしたヒエロファニーやシンボリズムが散りばめられていることはいうまでもありません。

エリアーデは、イメージとシンボルについて次のような説明をしています。

「シンボルは他のどんな認識方法でもとらえることのできない、実在の最も奥深いいくつかの側面を明るみに出す。イメージ、シンボル、シンボリズムは心の場当たり的な創造物ではない。それらはある必要性に応えているのだし、また、ある機能を果してもいるのである。つまり、存在の最も内密な様態を剔き出してみせるのだ」

つまり、イメージやシンボル、シンボリズムを明らかにすることは、「われわれが人間を、《生地のままの人間》を、つまり歴史の諸条件によってまだ組み込まれていない人間をいっそうよく理解することを可能ならしめるだろう。どの歴史的存在も自らのうちに歴史以前の人類の多くのものを持ち込んでいる」からだと述べています。

このように、私は縄文文化の精神性にアプローチするための拠《よ》り所を、ユングやその高弟のエーリッヒ・ノイマン（一九〇五～一九六〇年）の普遍的無意識と、それを構成する元型についての心理学的な理論（『意識の起源史』）と、ミルチャ・エリアーデのイメージとシンボルについての宗教学的な理論に見出したのです。

縄文人のものづくり（遺物）と大地のデザイン（遺構）の中に、彼らの精神性を反映したイメージやシンボルが隠されていないかどうか、それを確かめるための方法論として、エリアーデの「象徴理論」はとくに重要です。それは、人間が「象徴的人間」であり一切の行為が象徴性を帯びるのであれば、その背景にある「呪術宗教的心性」について、「宗教的象徴作用」を通して読み解けるのではないかと期待するからです。そして、次に詳しく紹介するネリー・ナウマンこそ、そうしたエリアーデの象徴理論に基づき、縄文文化の読み解きを体系的に行なった最初の研究者なのです。

3　ネリー・ナウマンの象徴研究

ドイツの日本学者ナウマン

ネリー・ナウマンは、一九二二年、ドイツのバーデン州レーラッハに生まれました。そして第二次大戦の真只中《まっただなか》にウィーン大学で日本学や中国学、民族学、民俗学、哲学を学びます。

ウィーン大学の日本学研究所は、一九三八年、客員教授の岡正雄《おかまさお》（一八九八〜一九八二年）によって設立され、その施設はかつてフロイトが「精神分析研究室」として使っていた部屋でした。ナウマンはここで日本学を学び、後にミルチャ・エリアーデの研究を通してフロイトの「無意識」に代表される人間の普遍的な心性について学んだことを考えると、何か因縁めいたものを感じます。ちなみにナウマンの学位論文はドイツ語で書かれた「日本の信仰と習俗における馬」（一九四六年）です。

大学を卒業したナウマンは、スイス・バーゼルの公立銅版画美術館に勤務した後、ミュンヘンのバイエルン国立図書館に勤務しました。ここでは図像解釈学の大家で、フランクフルト大学教授のカール・ヘンツェ（一八八三〜一九七五年）の著作を通して図像解釈学についての見識を深めます。これが後に縄文土器と土偶の読み解きに大きな力となります。

一九七三年から一九八五年まで、ナウマンはフライブルク大学の東洋学研究所日本科の教授を務めます。ここでのナウマンの業績は膨大で、その多くが日本の記紀神話研究に関するものでした。そして晩年に関心を持ったのが縄文文化でした。ナウマンは初来日した一九七五年に、縄文関係の初論文を『民族学研究』に発表します。タイトルは「縄文時代の若干の宗教的観念」でした。

ナウマンの著作物は、日本ではこれまで四冊が翻訳出版されていますが、最後に翻訳されたのが、絶筆となった『生《いき》の緒《を》——縄文時代の物質・精神文化』（檜枝陽一郎訳、二〇〇五年）でした。この著作の執筆にあたっては、五度の日本旅行で多くの遺跡や資料館を巡って収集したデータが大いに生かされました。

1989年秋、長野県諏訪郡富士見町井戸尻考古館にて土器を見るナウマン（八木橋信吉氏撮影）
［ナウマン『生の緒』より］

ナウマンの縄文研究

こうしたナウマンの縄文研究の特徴は、ミルチャ・エリアーデの象徴理論を基盤としていることです。「人間は象徴的人間であって、その全行為には象徴性が含まれており、しかも宗教的思考の悉くが象徴性を帯びている」ことから、縄文の象徴性を呪術宗教的に捉えようとしました。

もう一つの特徴は、時空を超えた視座から資料の比較検討を加える手法が徹底していることです。この視座は、稀代《きだい》の図像解釈学者であり宗教思想学者であるカール・ヘンツェの業績に影響されたものです。

ナウマンは、縄文文化が日本だけに見られる特殊な文化であるといった議論にはまったく関心を示しませんでした。縄文土器や土偶に見られる形や文様も、中国はもとより古代中近東や先コロンブス期のアメリカの図像と比較しながら読み解いていきます。縄文土器と土偶の象徴表現を体系的にまとめた『生の緒』の中にも、そうした論証が散りばめられていますが、多くの解釈がカール・ヘンツェの解釈との整合性のもとに論じられています。

とくにナウマンが力を入れて読み解いたのが土偶です。ことさら強く表現される両の乳房とヘソに見られる象徴性、多くの土偶の顔に見られる盆の形状に込められた象徴性、また、少なからず描かれる涙、鼻水、よだれ様の表現の象徴性、さらには縄文土器や土偶に見られる蛇や蛙の意味などが、ことごとく「月のシンボリズム」として語られてゆくのです。

月のシンボリズム

ナウマンは、縄文人の象徴の中核にあったものの一つが「月」であることを突きとめました。人間にとってもっとも切実で悩ましい問題は「死」です。この死の恐怖から逃れることは人類にとって誕生以来の大きな命題でした。その命題への一つの答えが、「再生」するものへの畏敬《いけい》だったとナウマンは考えました。そして「死と再生」を象徴するものとして昔から誰もが考えたのが月だったのだといいます。

ローセルの女神
[ベアリング『世界女神大全』より]

　ナウマンは直接触れていませんが、女性の生理周期の二九・五日が月の運行周期とまったく同じであることを太古の人間が知っていた例としては、たとえばフランスの旧石器時代の女神像ドルドーニュの「ローセルの女神」があります。女神が右腕に掲げる一三の刻みの入れられたバイソンの角は、満月などの月相の数と月経の回数を象徴しているとされています（『世界女神大全』）。

ナウマンは、潮の満ち干《ひ》や雨や水、また動物や植物の生態など、あらゆる自然現象がことごとく月に支配されていることを古くから人類は知っていたとするロバート・ブリフォールの指摘を引用しています。人類は「再生」のイメージを月の運行になぞらえ、月を「再生」そして「不死」のシンボルとして崇《あが》めるようになったのだと考えたナウマンは、『生の緒』の中で、土偶に見出される月の象徴的造形について言及しています。それは土偶研究の新たな地平を切り拓《ひら》くものでした。

「月」だけでなく、ナウマンは土偶における「女性」も、そして「蛇」や「蛙」も、「死と再生」を象徴すると指摘しています。女性は身ごもる姿が再生のシンボルとなり、その身ごもりが月からもたらされる「水」（精液）によることを世界中の神話が伝えていると力説しているのです。そうした「月の水」が、「涙」や「鼻水」「よだれ」として土偶に表現されていることも、カール・ヘンツェの研究を援用しながら読み解いています。月の水が大地にまかれ、植物や動物が生まれることを意味しているというのも彼女の主張です。

蛇と蛙と三の意味

蛇や蛙も、脱皮を繰り返すことから、月と同じように「不死」や「再生」を象徴するとナウマンは考えました。ナウマンは積極的には示していませんが、縄文土器に描かれた蛙がときとして赤ちゃんや女性器に見立てられるのも、それらが「再生」のシンボルとされているからでしょう。さらにナウマンは、描かれる蛙（もしくは人）の指の多くが三本であることにも、次のように詳しく触れています。

「〝三〟が陰暦では重要な数であることは承知されている。月が死んで他界に宿る三日間というのが決定的であったにちがいない。この三日間をすぎてから、月は再生と若返りを果したのちに、ふたたび闇から出現する。三本指の手は、三日間の闇夜を表すと思われ、その後に新月が新たな生に向けて姿を現す。それは、旧世界や環太平洋地域および先コロンブス期のアメリカのあらゆる場所にみられる象徴である。（中略）そうすると三本指の手というのは、月の出ない三夜という天文学的事実とそれにまつわる象徴性を、とくにそれ以外の月の象徴と並べて指摘しているにすぎない。それは月神の特色となるかもしれず、また月にゆかりのある何らかの動物の身体の一部となるかもしれない」

そのもっとも顕著な例として、ナウマンは「蛙」をあげているのです。

考古学者への宿題

ナウマンの研究はじつに魅力的です。これまでの考古学が知ることのできなかった縄文人の心を、土器や土偶から読み解いてくれたのです。もちろん、すべての出土品（道具）をナウマンが読み解いたわけではありません。石器や骨角、貝、漆の道具などはほとんど分析していませんし、住居や墓など施設の形についても触れていません。ナウマンの仕事は残念ながら未完に終わっています。それらの分析は、私たち日本の考古学者に残された宿題なのかもしれません。であるならば、ナウマンの手法で住居や墓などに縄文人のシンボリズムを見つけ出すことができるのではないかと私は考え、調査・検討を進めています。第Ⅲ章では、そうした試みの一端を紹介します。

4　日本の考古学者の象徴論

進まない「こころ」の研究

ところで、ナウマンが気づいたような人間（縄文人）の宗教的・象徴的心性について、これまで日本の考古学者が誰一人気づかなかったわけではありません。縄文人の精神世界を具体的には読み解けないまでも、そのことを意識する学者はいました。たとえば縄文研究の〝大御所〟戸沢充則《とざわみつのり》（一九三二〜二〇一二年）は、縫いぐるみと戯れて安らぐ孫の純真な言動に接したことに触れたあるエッセーの中でこんなことを書いています（『道具と人類史』）。

「考古学者による土偶に対する〝考古学的解釈〟の中に、縄文人にも現代人にも共通する人間の本能に根ざした心性が貫いているという観点を入れてもよいのではないかと思えてくる」

そのうえで戸沢は、こうした縄文人の心性というものは、「〝前論理の心性〟、つまり現代人が論理的に説明し立証しようとしても不可解なものかもしれない。しかしそうした心性を大切にする精神が、人類史の次の時代を救う大きな糧になるのではないかという予感を、なんとなくもつのである」としています。

戸沢以外にも、こうした人間の根源的なものの考え方を感じ取った考古学者は少なくありません。しかし残念ながら、土偶や縄文土器の本質的な意味を読み解くことは誰にもできませんでした。小林達雄《こばやしたつお》のように、狩猟や採集のための「第一の道具」のほかに、土偶や石棒など精神性の強い「第二の道具」の存在を指摘し、なかでも縄文土器が彼らの「世界観を描くキャンバス」というところまでは突きとめた学者もいました。しかし、小林も含め考古学者が、縄文人の精神性や世界観を具体的に明らかにすることはいまだできていません。その大きな理由は、人間の根源的なものの考え方の中核に「宗教的象徴作用」があるということにまで思いが至っていないからだと思います。

もう一つ見逃してはならない点があります。それは、先述したように考古学者が遺跡や遺物について発展史観で考えてしまうということです。考古学者の多くは今も、人間の心性が歴史的な文脈の中で進化し、過去の心性は解き明かすすべがなく、解き明かしたとしてもそれは単なる原始的な遅れた心性にすぎないといった先入観と思い込みの中にいます。ユングやエリアーデが指摘するように、人間の深層にある無意識という心性は、現生人類であるホモ・サピエンス・サピエンスの生理的機能として誰にでも備わっているもので、石器時代から現代まで変わらずに機能しているということがわかっていないのです。

図像学の導入

じつは日本にも、これまでエリアーデやナウマンの象徴論を援用し研究を行なった考古学者がわずかながらいます。中部山岳地方を拠点にして縄文研究を行なう小林公明《こばやしきみあき》と樋口誠司《ひぐちせいじ》です。小林らの縄文の象徴についての共同研究は、もともとはネリー・ナウマンや、ナウマンがその読み解きの多くを依拠したカール・ヘンツェの方法を導入して縄文図像の読み解きを積極的に行なっていた民族学者の田中基《たなかもとい》や島亨《しまとおる》の研究に触発されて始められました（田中・島については後述）。

小林らは、主に中部山岳地帯の縄文土器と土偶が象徴するものの読み解きに力を注ぎ、ナウマンの読み解きの中核をなす「月のシンボリズム」にならい、土器や土偶の形と文様を次々と解釈していきました。たとえば小林は、中国の文物の中に縄文中期の土器との類縁性を見て取ります。類縁性の中心となったのは「蛙」でした。月のシンボリズムの中で、月の満ち欠けと潮の満ち干の関係や夜露を例に出すまでもなく、月は水の源であり、月と水を象徴するのが古来より中国では蛙だったと指摘しています。さらに月の満ち欠けが女性の生理周期と合致することから、月・水・蛙・女性という文脈ができあがり、それは中国だけでなく縄文人の「意識の根幹」、つまり世界観をなしていたというのです（「縄文土器の図像学」）。

そして、そうした世界観が神話の中にも見て取れると小林らはいいます。これはナウマンの「いくつかの非常に古代的でこれまで理解されないか、誤って理解されていた神話のモチーフが、縄文図像のモチーフとなんの困難もなく結びつき、そうすることでその本来の意味が認識できることがわかったのである。さらに、神話モチーフと縄文図像のモチーフとの一致は、このモチーフの成立時期を神話についてもほぼ特定する可能性を示している」（『生の緒』）という考え方に拠っています。

このような縄文人の心に迫ろうとする小林らの研究は、残念ながら多くの考古学者の支持を得ることはできませんでした。二人の研究がどちらかといえばカール・ヘンツェの図像解釈学的な性格が強いこともあって、いわゆる考古学者の領域の研究とは認められないのです。

それでも、これまでの縄文研究がなしえなかった土器と土偶の造形上の意味を、「象徴」という概念を用いて解明した小林らの研究姿勢は高く評価されるべきだと私は思います。小林らの研究は、むしろナウマンがめざした宗教学的意味の解釈に力点を置き、「月のシンボリズム」が縄文社会の中で果たした役割や、その後の日本列島の文化形成に与えた影響について考察を深めることが必要なのかもしれません。

フロイト理論の導入

出土品が象徴するものは人間の根源的な心であるとして、フロイトの心理学を使って土偶や石棒、石冠の謎に迫ろうとした考古学者がいます。北海道の西脇対名夫《にしわきつなお》です。彼の研究で注目すべきは、石冠の「冠」が古来日本の「烏帽子《えぼし》」のことであり、それが「男子の成人儀礼を象徴」するものであることに着目している点です（「土偶と石棒」「石冠とその類品」）。

西脇は、縄文の石冠の名称も、古来より行なわれていた「元服の儀礼への暗黙の類推」から名付けられたものであろうと指摘したうえで、フロイトの心理学を用いて縄文の石冠との関係性に次のように触れています。

「客観的な立証には程遠いとしても、日本人がある遺物の形態を烏帽子に見立て、それを石冠とよぶことの背後に、おそらくここで述べたような了解が、意識に上がらない水準で反復されているのではないかと思われる。烏帽子や元服がすっかり過去のものになってしまった今日もなお石冠という名称が受け継がれているのは、この無意識の思想的伝統に代わるものをわれわれが見出しえていないことを意味するのであろう。筆者としては、この伝統が単に近世以降の日本人の精神構造だけに由来するのではなく、遺物の造形のなかに具象化された縄文式当時の人間の無意識にも根拠をもっていることを希望するほかない」

そして、「それは今のところたしかに希望にすぎないが、しかしたぶんこの希望以外に、いわゆる祭儀用遺物の研究の基礎を置くべきものがないこともまた事実なのである」と結論づけています。私もまったく同感です。西脇のさらなる研究の進展が期待されます。

5　異分野からのアプローチ

ナウマンの『生の緒』の評価

二〇〇五年にドイツ語学者の檜枝陽一郎《ひえだよういちろう》によって翻訳されたネリー・ナウマンの大著『生の緒――縄文時代の物質・精神文化』は、残念ながら日本の考古学者たちからはほとんど評価されませんでした。多くの考古学者はこの労作に目を通そうとさえしませんでした。しかし日本の民族学者や宗教学者の中には非常に高く評価した人がいました。

なかでもナウマンの研究をいち早く日本に紹介した民族学者の田中基と島亨は、単に評価するだけでなく、自らナウマンの方法を用いて縄文土器や土偶の読み解きに参与したのです。田中や島の研究はナウマンの研究の質の高さを証明しています（『縄文のメデューサ』『縄文図像学Ⅰ・Ⅱ』『光の神話考古』）。

宗教学者磯前順一の研究

一方、土偶研究にカール・ユングの分析心理学を本格的に導入したのは、宗教学者の磯前純一《いそまえじゅんいち》が最初ではないかと思います（『記紀神話と考古学』）。磯前は、いくつかの論考を発表して土偶の「象徴機能」に迫りました。磯前が拠ったのはカール・ユングとその高弟であるエーリッヒ・ノイマンの分析心理学でした。もっとも、磯前の研究は、ユングやエリアーデの考えが「すべての研究者に支持されているわけではない」との前提のうえで行なわれていることも断っておかなければなりません。磯前の分析心理学的解釈で重要な点は、ユングの指摘した「集合的無意識」と、その構成要素と考えられる「元型」に基づいて論を展開していることです。とくに元型の内容の説明に際して、土偶の「母性性」について触れたことは重要です。母性性は、ユングやノイマンの指摘する元型の一つで、一般的には「グレートマザー」と呼ばれています。

磯前は、土偶に普遍的に見られる乳房、腹部、臀部《でんぶ》などの女性的な特徴に着目しました。土偶には母性性が優位に表現されていると考えたのです。そしてその「母性性とは基本的には、生み育てる力、及び飲み込み破壊しようとする力のアンビィヴァレントな性質であり、男性性が自我意識に比されるのに対して、無意識の性質として認識されるものと考えられる」とするノイマンとユングの解釈を引き、母性性が元型、つまり人間の根源的な心性に根ざすものであり、そうした母性性の一表現形態が土偶なのだと指摘しました（「土偶の出土状態と機能」）。

ただし、土偶には土器と同じように「型式」があり、そうした斉一性は、集合的無意識の普遍性に基づくもののみではないともいっています。「元型イメージとしてとらえられる土偶の意識と無意識の総体であり、集合的無意識を前提としながらも集合意識の個人への内在化を介して生じるのである」と。つまり、「縄文時代にも個人の個性はある種のかたちで存在したと思われるが、土偶や土器などには集団としての斉一性を表現することが強く要求された」のだといいます。そしてそのことによって、「集団のもつ心性や規範の斉一性が内在的に維持されたと思われる」とも述べています。

磯前の研究は、土偶の奇妙奇天烈《きてれつ》な姿形がなぜ生じるのかという点については見事な結論を引き出しましたが、しかしその姿形がいったい何を表現（象徴）しているのかについては具体的には明らかにしていません。磯前の土偶論はあくまでも縄文人の宗教意識の在り方に重点が置かれているためで、一般の人々が疑問に思うような「具体的に何を表現しているのか」といった点については、最初から視野にないのです。

人類学者中沢新一の指摘

磯前同様、考古学への「無意識」の導入の必要性を主張したのは、人類学者の中沢新一《しんいち》でした。

中沢は、絵画や装飾品を遺《のこ》していないネアンデルタール人（旧人）と、絵画や装飾品を遺した現生人類であるクロマニヨン人（新人）を比較し、その差は「象徴的思考」の能力の欠如にあることを指摘しています（『対称性の人類学』）。つまり象徴的能力を持たないネアンデルタール人は、一枚の絵も描けないし、詩を作ることもできず、おそらく私たちのような音節言語も話すことができなかったのではないかといいます。

このことに最初に気づいたのは、じつは「認知考古学」という新しい学問分野の学者です。認知考古学は、それまで盛んだった社会構造の分析に重点を置いた考古学に対して、もっと人間の個別的な問題や心の問題に光をあてようと、イギリスのコリン・レンフルーが創始した考古学の新しい分野で（『先史時代と心の進化』『考古学』）、近年は、スティーブン・ミズンや松本直子《まつもとなおこ》らによって多くの著作が出されています（『心の先史時代』『認知考古学とは何か』）。

認知考古学では、現生人類になって初めて備わった脳室間のコミュニケーションという生理的機能によって、三次元情報（現実の「意識」された情報）が重なり合わされ、「象徴」や「隠喩《いんゆ》」などが可能になったと考えられています。そのため認知考古学者たちは、神話的思考や野生の思考も、そうしたプロセスで生み出されることに気づいているはずです。ですから、縄文文化における象徴や比喩《ひゆ》、そして神話を解き明かすことで、人類の根源的な心の解明が進むのではないかと私は期待しています。

ただ、中沢は、人類の根源的な心性は象徴や隠喩などの意識された三次元（現実の世界）的解釈で理解されるものではなく、フロイトやユングのいう「無意識」という高次元の領域で作り出される心性であるから、この概念を導入しないかぎり、せっかくの象徴も、もっぱら意識の表層で作られた「文化的な象徴」しか明らかにすることができないのではないかと、痛いところも突いています（『対称性人類学』）。

たしかに、日本の考古学者の認知考古学的研究を眺めてみても、少なくとも「なぜ縄文人は土器に模様を描くのか」、「なぜ竪穴住居や墓を円や楕円に掘るのか」、また「土偶はなぜあのような摩訶《まか》不思議な顔の形なのか」といった問題には明快な答えを出せていないようです。

いまいちど中沢の主張に耳を傾けてみましょう。

「象徴的思考には無意識の存在が不可欠です。象徴は〝圧縮〟や〝置き換え〟によって、いくつもの意味を横断的につなぎ合わせていこうとします。このためには、象徴的思考は自分の内部を自由に流れていく流動的な知性（それはあくまでも〝知性〟でなければなりません）の活動を必要とします。この流動的知性は、たんに情報伝達をおこなったり、石器を切り出したりする作業に必要な知性とは、根本的に異なる性質を持っているはずです。それは、今日の科学技術の教科書に書かれている言語ではなく、ランボーの詩やシェイクスピアの芝居や錬金術の奥義書などで使われている言語のように、意識下の活動と直結していなければならないからです。つまり、それは無意識の活動を必要としています」

認知考古学が無意識を導入することによって、これまでの考古学が解けなかったさまざまな問題に答えを出してくれることを、中沢同様、私も大いに期待したいと思います。

6　読み解きの鍵はシンボリズムとレトリック

縄文人不在の研究からの脱却

さて、第Ⅰ章では、縄文研究をどのように進めれば誰もが抱く疑問に答えることができるのかを考えてきました。

従来の考古学の研究方法では、縄文人のものの考え方や心を明らかにすることができませんでした。土器の模様や土偶の形の意味も、竪穴住居やお墓の形の意味も、謎に包まれたまま発掘資料だけが積み上げられてきたのです。縄文研究の中心は、もっぱら型式分類に基づく技術的な発展をたどるだけの研究でした。言うなればそれは〝縄文人不在の研究〟でした。

その一方で、近年の大規模調査で明らかになった膨大な数の資料の分析からは、物質的・精神的に豊かな縄文社会のイメージが作られてきました。しかし物質的な豊かさは予測ができても、考古学に彼ら縄文人の心の在り方を知るすべはなく、ただ「こころも豊かだっただろう」という印象を述べるにとどまり、具体的には何も明らかにできませんでした。

たとえばそれは、土偶の説明に如実に現われています。多くの学者が「土偶は女神や精霊」などと解説していますが、ではなぜ女神や精霊があのように奇妙奇天烈な顔形をしているのか、誰も説明しようとしません。いや、正確に言えば、できません。単なる印象を述べるだけで、考古学的な根拠を見つけることができないのです。

私は、ドイツ人の日本学者ネリー・ナウマンの研究を知ってまさに目からウロコが落ちました。ナウマンは、縄文人の思考方法が「呪術宗教的思考方法」であり、それは象徴的思考の形を取ることを私たちに教えてくれたのです。ナウマン自身は、人間の「無意識」という心性にまで踏み込んで象徴を考えることはありませんでしたが、ミルチャ・エリアーデの呪術宗教的な象徴論に依拠したわけですから、もちろんそれが人間の根源的なものの考え方に根ざしているということは了解していたはずです。しかしナウマンはそこには触れず、さまざまに生み出された象徴形が、むしろ広い地域に「伝播《でんぱ》」したことを重視しました。

私は、そうした「伝播」を軽視するつもりはありませんが、それ以上に、心理学者カール・ユングやその高弟エーリッヒ・ノイマン、さらにはエリアーデが指摘する「根源的なものの考え方」で象徴を捉えることが縄文研究では大切なことだと考えています。つまり、時空を超えたシンボリズムが、必ずしも伝播だけで広まったとは考えません。むしろそのことによって、ナウマンの呪術宗教的解釈はより意味のあるものとなるのではないかと考えています。

呪術宗教的視点から縄文土器と土偶の象徴を分析したネリー・ナウマンは、「月のシンボリズム」が読み解きの鍵《かぎ》を握るものの一つであることを明らかにしました。次章では「縄文人のものづくり」を取り上げ、土器や石器に散りばめられたその月のシンボリズムを探し出すことにします。その際、留意しておかなくてはならないことがいくつかあります。一つはユングやノイマンが指摘する普遍的無意識を構成している「元型」についてです。その代表ともいえるのが「母性性＝グレートマザー」で（『元型論』『グレートマザー』)、おそらく、月のシンボリズムが生まれたのは、縄文人が女性の生理周期と月の運行周期が同じであることに象徴的な意義を見出していたからです。そうした意義が見出せるのも、グレートマザーという元型が無意識の中にあるということにほかなりません。グレートマザーは「女性」そのものであったり、また「子宮」であったり、さらには「蛙」や「蛇」に姿を変えているかもしれません。

そしてもう一つ重要なことは、縄文人が「象徴」(シンボル)を具体的に土器や土偶に表現するための「手法」が存在するということです。その手法とは「レトリック」のことです。レトリックは、もともとは言語学の領域で「修辞」と呼ばれてきた概念です。つまり「言葉の彩《あや》」ということです。近年の認知言語学の発展によってレトリックは、人間の根本的な認知方法の一つだと考えられるようになりました(『レトリックと人生』)。

読み解きの鍵を握るレトリック

レトリックには、いくつもの表現形があることが知られていますが、縄文人が主に使ったのは、「誇張法」と「隠喩法」だと私は思います。あるいはもう一つ「擬人法」も使っている可能性があります。少し説明しましょう。

「誇張」とは、重要なものをことさら強調する表現方法であり、「隠喩」とは再生とか不死といった概念を何かほかのものになぞらえて表現することです。「擬人」とは説明するまでもないでしょう。人以外のものを人に譬《たと》えることです。縄文文化における土器も土偶も、おそらくこれらのレトリックを使うことで奇妙奇天烈な姿形にデザインされてしまっているのだというのが私の主張です。

ところで、このレトリックが無意識という心性と結びついたものであることは、すでにフランスの言語学者エミール・バンヴェニスト（一九〇二〜一九七六年）が『一般言語学の諸問題』の中で指摘しています。そのことを、瀬戸《せと》健一《けんいち》が次のように書いています（『メタファー思考』）。

「無意識は〈レトリック〉を用いる。レトリックは、文体と同じように、〈文彩〉をもち、古来のトロープ（転義）のカタログが両者にふさわしい目録を提供してくれるだろう。そこにはタブーから生まれたすべての代入法が見られる。たとえば、誇張法、諷喩、反用法、暗示的看過法、緩叙法などである。また、無意識の内容の性質上、各種のメタファーが現われる。というのは、無意識のシンボルが意味をもつと同時に解釈がむずかしくなるのは、メタファーによる転換がおこなわれるためである。さらに、古来メトニミー、シネクドキと称されてきたトロープも用いられる」

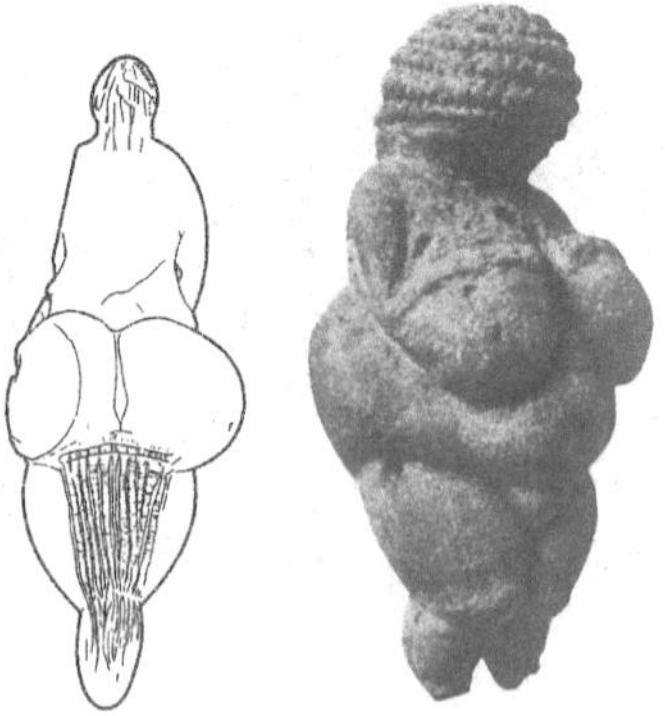

（右）ヴァレンドルフのヴィーナス（石灰岩、オーストリア）
［ノイマン『グレートマザー』より］
（左）レスプーニュのヴィーナス（象牙、フランス）［ナウマン『生の緒』より］

ここでいう「メトニミー」とは換《かん》喩《ゆ》法で、「シネクドキ」は提《てい》喩《ゆ》法のことです。パンヴェニストは、フロイトの「夢」の表現にメタファーが使われていることを指摘したのですが、じつは私はこれにヒントを得てレトリックの手法が縄文のシンボル表現にも使われていると考えたのです。現代社会に生きる私たちは、縄文人が人や動物をなぜリアルに描かなかったのかと思ってしまいがちですが、じつはリアルに描くという能力は、もともと人間に備わっているわけではなく、その必要もおそらくなかったのです。そもそも人間にはレトリックという認識・表現方法が備わっていますから、オーストリアの「ヴァレンドルフのヴィーナス」や、フランスの「レスプーニュのヴィーナス」のように、今から二万年ほど前の旧石器時代にも、その能力を使えば絵や彫刻を表現することができたのです。言い方を換えると、現在のような「写実表現」は、科学や哲学の誕生を待たなければならなかったということです。

写実という表現手法

絵画や彫刻に「写実」という表現手法が現われるのは、農耕文化が盛んになって国家が誕生して以降のことです。世界で最初に写実表現を生み出したのは、紀元前八世紀頃のギリシアであり、それは科学や哲学の確立と深くかかわっているといわれています（『図説世界の歴史2』）。「サモトラケのニケ」や「ミロのヴィーナス」はまさにその象徴です。

写実とは、科学と哲学を基盤とした文化的・芸術的な創造なのです。ですからその基盤を誰かに教わったり、一定のトレーニングを経なければできない描写手法だということです。あの天才レオナルド・ダ・ヴィンチも、「モナリザ」を描くためには数字を使い、デッサンを繰り返し、人体解剖まで行なって写実に取り組んだのです。

本書のカバーに廣戸《ひろと》絵美《えみ》氏の油絵〈妊婦〉（個人蔵）を使わせていただきましたが、これは誰でも描けるものではありません。科学的な認識に基づいた本格的な写実絵画であり、しかも「人間とは」「生きるとは」という哲学的なメッセージが「隠喩」として込められた芸術作品です。その一方で「誇張」というレトリックは影を潜めています。

この〈妊婦〉の絵に対峙《たいじ》させたのは、国宝土偶の「縄文のヴィーナス」（茅野《ちの》市尖《とがり》石《いし》縄文考古館蔵）です。これは、科学的な認識には基づいておらず、もっぱら「誇張」というレトリックの手法を前面に出して作られています。もちろん、雨や精液を「月の水」になぞらえ、それを集める容器としての「隠喩」も込められていますが、「人間とは」「生きるとは」といった哲学的なメッセージはありません。あくまでも月の水を呼び込むための呪具《じゅぐ》としてデザインされているのです。

誰もが備えているレトリック

私たちは幼児の描く絵を稚拙だと考えてしまいますが、基本的には大人が描く「漫画」や「似顔絵」と質的には何も変わりません。いずれもレトリック、すなわち「誇張」という表現方法を使って誰から教えられることもなく描いているからです。

たとえば、雑誌『週刊朝日』に掲載されている山藤章二《やまふじしょうじ》の〈似顔絵教室〉には毎週全国からたくさんの作品が応募されてきますが、実際には山藤が指導をして描かせているわけではなく、それぞれが思い思いに描いて応募しているのです。たとえば安倍《あべ》晋三《しんぞう》首相の似顔絵でも、描く人によってまるでタッチが違います。しかしどれも安倍首相にそっくりです。似顔絵や漫画は誰でも描けます。それは誰もがレトリックの能力を持っているからです。

縄文土器や土偶の形・模様は、こうした人間の根源的な能力であるレトリックのなせる技で作られています。それがある地域で共通性を持つのは（考古学者が「型式」と呼ぶもの）、その集団の合議のもとに製作されているということではないでしょうか。

ただ、いくらレトリックを使うといっても、何でも勝手に表現することは許されません。たとえば「月」や「蛇」のように、象徴するもの（シンボル）があらかじめ決められているからです。縄文土器や土偶には、間違ってもカバやキリンがシンボライズされることはありません。それくらいシンボルというのは集団にとって意味あるものなのだと思います。

それでは「グレートマザー」、「イメージとシンボル」、そして「レトリック」を念頭に置きながら、縄文のものづくりについての読み解きを始めてみましょう。

第Ⅱ章　縄文人のものづくり原理

「生成」の象徴と神話は、月と同じ構造を有している。ほかならぬ月こそが何にもまして、流れ、移行、満ち欠け、誕生、死と再生、要するに宇宙的リズム、万物の永遠に続く生成、そして時間を開示するのである。つまり月のシンボリズムのおかげで、論理的弁証法をもつ前の人間は、宇宙の時間的な様態を認識できるようになったのであり、しかもそれは体系的思考が「生成」の概念をすくい出し、的確な言葉でそれを表現することに成功する遥か以前のことだったのである。

——ミルチャ・エリアーデ（奥山倫明訳）

第一節　縄文土器は本当に鍋か

1　土器の研究は何のため

考古学者が重視する土器

縄文時代の出土品の中で、もっとも考古学者が大事にしてきたのは土器だと思います。国民的には土偶が一番人気のようですが、戦後、出版された縄文土器の豪華な図録集を見るだけでも、いかに考古学者が土器を大切にしていたかがわかります。

戦後しばらく経った一九六〇年に、河出書房から『日本の考古学』（全七巻）が出されました。縄文時代は第二巻にあてられていますが、なんと縄文土器の説明がその三分の二を占めています。こんなところからも、いかに土器が重視されてきたかがうかがえます。

縄文土器は、形と文様が時代や地域によって著しく変化することから、長い間学者はそれを競って分類してきました。形と文様の組み合わせで特徴づけられる「型式」が地域ごとに検討され、時代的な順番が議論されます。そして多くの考古学者の賛同が得られると、めでたく「○○式土器」と認定されて、その地域の土器編年表に記載されるのです。

山内清男の編年研究

縄文土器の編年研究は、戦前、ある一人の考古学者が始めてから、およそ八〇年もの間続けられ、今も全国各地で多くの考古学者によって行なわれています。この研究を始めた学者とは山内清男《やまのうちすがお》（一九〇二～一九七〇年）です。

山内清男は、縄文土器研究の巨人として日本考古学史に名を残しました。その六八年の生涯のほとんどを縄文土器の編年研究に費やしたといっても過言ではありません。今も縄文研究の主流が土器型式の分類と編年にあるのは、まぎれもなくこの縄文学者が確固とした道を作ったからです。一九三二年に書かれた「縄文土器文化の真相」という一文を見てみましょう（『日本遠古之文化』）。考古学者なら誰もが一度は目にする有名な文章です。

「型式（中略）、これを地方的年代的に編成して、縄文土器の型式網を作ろう。（中略）縄文土器の文化の動態は、斯くの如くして、土器形式の細別、その年代、地方による編成、それに準拠した土器自身の変遷史、これによって配列されたあらゆる文化細目の年代的及び分布的編成、その吟味、等の順序と方向によって解明に赴くであろう」

この文章と、それから七〇年ほど経った二〇〇一年に北海道埋蔵文化財センターの熊谷仁志《くまがいひとし》によって書かれた「縄文土器の意味」という次のような一文と比べると、じつに興味深いことがわかります。

「土器は、考古学において、時の移り変わりを知る手掛かりとなり、物差しの役割を果す。これまでの研究で、土器のもつ意味は時期・地域・集団等の影響が強く反映していることがわかっている。このようなことから一地域の土器の移り変わりは、その地域の時代区分の目安を知る手掛かりとなり、同じ文様をもつ土器の広がりを知ることは、縄文時代の長い時間の一時期を切り取り、ヒトの集団拡大・縮小やモノの移動を知る手掛かりとなる」

つまり、土器は、山内から八〇年を経た現代においても、なお〝物差し〟としての重要な役割が失われていないということです。もちろん山内の時代に比べれば、格段と目盛りも細かくなっています。当然、文化の細目や集団の動向も見えてくるはずなのですが、しかしどうでしょう。山内のもくろみどおりに、文化の細目が明らかになってきているでしょうか。

たしかに山内の時代から見ると、発掘調査は大規模になり、件数も飛躍的に増えています。掘り出された資料は膨大な数に達しています。しかし、結局は土器の「目盛り」が細かくなっただけで、いくら物差しをあてても、遺跡や土器そのものの意味は、昔ながらにわからないことだらけです。

いまだ解けない「縄」の意味

戦後七〇年以上が経ちました。物差しとしての重要性はわかりますが、いくらなんでも、もうそろそろ「土器は何のために作られたのか」、「どうして日本列島で世界に先駆けて土器が作られたのか」といった質問の答えを見つけるべきだと思うのです。少なくとも縄文土器の名前の由来になっている「縄」の意味くらいは明らかにすべきです。

なぜなら、この縄の模様が、大ざっぱに見ても一万年にわたって土器に使われ続けてきたからです。その理由を考えることは、縄文文化の本質を考えるうえできわめて重要です。

今後いくら編年作業を深め、その物差しを細かくしたところでその理由が明らかになるとは思えません。それよりも、すでにある資料をもう一度見渡してみて、答えを導き出すための方程式を見つけることのほうが大切だと考えます。そのようにいうと、たぶん多くの研究者からは、そのためにも完璧《かんぺき》な型式分類と分布状況の把握が必要なのだとのお叱りを受けそうです。

しかし、あえていえば、その問題を考えるためにもうこれ以上の資料は必要ないと思うのです。新しい資料や細分の作業がなくても、縄文の基本的な謎を解くためのデータは、すでに十分すぎるくらい揃っています。

ここまで言い切ったからには私としても失敗や批判を恐れず、くだんの月のシンボリズムという視点に立って、さっそく土器の謎にアプローチしていきたいと思います。

2　縄文と貝殻文

なぜ縄と貝なのか

縄文土器にはすべてに縄文（縄の模様）が付いていると一般には思われがちですが、じつは貝殻を使った貝殻文という文様も少なくありません。また、意外に思われるかもしれませんが、縄文も貝殻文も付けられていない土器もあります。

貝殻文の土器は、まず東日本に現われ、後に西日本にも広がります。最初は二枚貝の縁のギザギザ（腹縁）を押しつけて幾何学的な模様を描きますが、後にギザギザの部分で土器の内外を引っ掻《か》き、「貝殻条痕文《じょうこんもん》」と呼ばれる模様で土器全体を埋め尽くすようになります。北海道でも縄文土器が出現して間もなくすると、それまでの押型文や縄文に代わってこの貝殻文が各地に広がっていきます。

全国的には、縄文が土器づくりの開始と共に登場し、縄文時代を通してその位置は揺るぎません。つまり大きく見ると、縄文土器の模様は縄文が主流をなし、貝殻文がときどき顔を出すのです。これはなぜでしょう。そもそもこのことを考古学者は誰も問題にしていません。

そこであらためて考えてみたいと思います。なぜ縄と貝殻なのでしょうか。とくに縄文は、土器づくりの開始と共に現われて縄文時代の終末まで、北海道では続縄文時代（九世紀頃まで）まで付けられます。本州でも弥生《やよい》土器の一部に受け継がれるなど、文様としての息の長さは世界的にも例がありません。そこには、まさに縄文人の世界観にかかわる深い理由があるはずです。

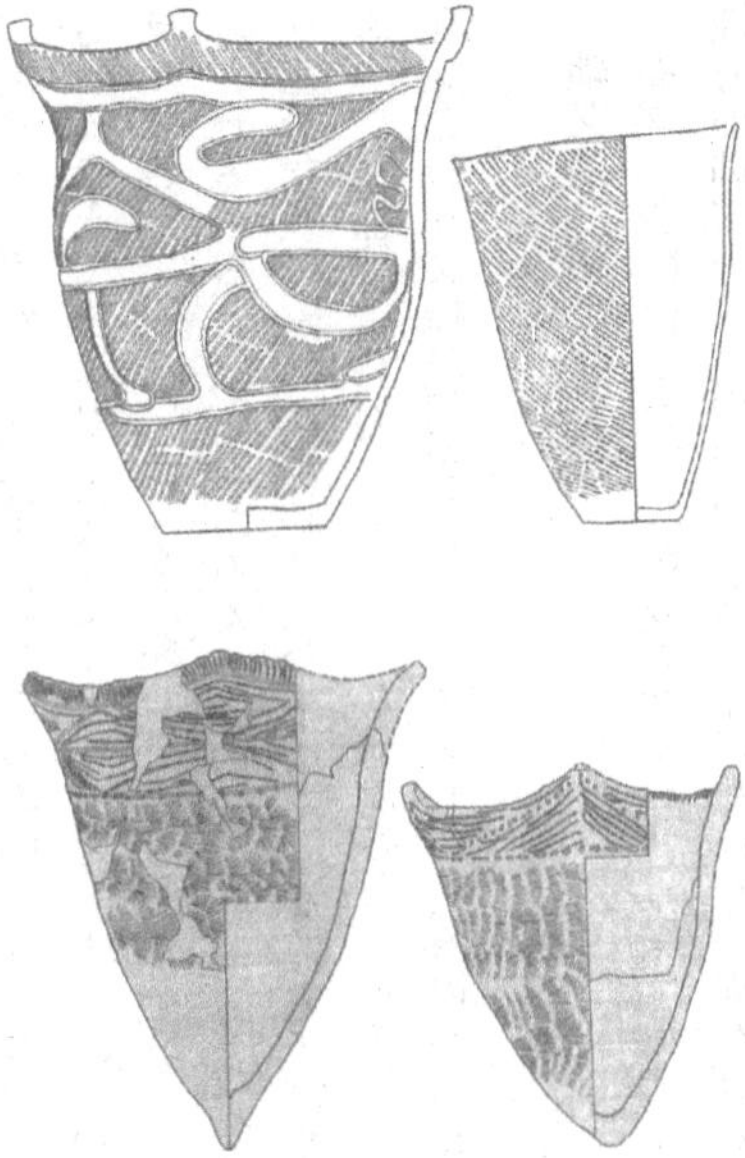

（上）縄文のある土器：青森県蛍沢遺跡
［青森市教育委員会『蛍沢遺跡』］
（下）貝殻文のある土器：北海道中野 B 遺跡
［北海道埋蔵文化財センター『遺跡が語る北海道の歴史』平成６年版より］

エリアーデのいう呪術《じゅじゅつ》宗教的思考の中では、ものの形と模様は、つねに何かが象徴されることで生まれます。そう考えると、ナウマンがいうように、まずは月がシンボライズされていないかどうか探ってみる必要があるように思います。月がシンボライズされる背景には、もちろん「元型」としての「グレートマザー（母性性）」の心的存在を念頭に置かなければなりません。女性や子宮や、それにかかわるもの（もちろんそれは男性や男性器でもよい）が表現されていないかどうかを調べるのです。まず、縄文という文様が何をシンボライズしているのか考えてみたいと思います。

縄文は「蛇」を表わす

縄文土器にはそれとわかるデザインで「蛇」がよく登場します。とくに関東甲信越地方の縄文時代の中頃の土器に蛇がたびたび描かれることはよく知られています。蛇は、神話世界においては月の性格を分有するものとして描かれます。脱皮や冬眠が「不死」や「再生」のシンボルとされ、男根になぞらえられて、女性が身ごもるための水（精液）を月から運ぶと考えられるのです。このことは、エリアーデの『豊穣と再生』に詳しく書かれています。

蛇の不死や再生能力に気づいていた縄文人は、きつく絡み合うオスとメスの交合の様子を「縄」で模倣し、土器の表面に回転させせたり押しつけたりして、「縄文」として表現したのです。縄文土器に長きにわたって「縄文」が描かれ続けたのは、縄文人にとって不死や再生が重要な観念として確立されていたからでしょう。それをシンボライズするものとして選ばれたのが蛇だったのです。そして、縄の撚《よ》りによってレトリックされたのです。

じつは、縄文（縄目の模様）が蛇の交尾を表わしているという説を最初に述べたのは、環境考古学者の安田《やすだ》喜憲《よしのり》でした。安田は、民俗学者の吉野《よしの》裕子《ひろこ》（一九一二〜二〇〇八年）から、神社のしめ縄が蛇の交尾を表わしているという話を聞き、それをヒントにこのことに気づいたのです（『蛇と十字架』『縄文文明の環境』）。

私たちは日常、蛇の交合シーンを目撃することはほとんどありません。私自身も田舎育ちでしたが、蛇の交合は一度も見たことがありません。安田同様、私も吉野の研究から蛇の生態の重要性に気づきました（『蛇』『山の神』）。

蛇は種類によって異なるようですが、ハブの場合ではおよそ三、四カ月ごとに脱皮をします。また交合は、特徴的な性器の形から二匹あるいは三匹（メスに二匹のオス）がきっちり絡み合い、まさに「縄」のような状態になるのです。交合の時間も数時間から、種類によっては二〇時

蛇の交合のスケッチ［安田『蛇と十字架』より］

間以上にも及びます。

吉野は、蛇の脱皮や冬眠という生態、さらには男性性器に似た形態に対して縄文人が「生命力の旺盛《おうせい》さ」を見て取り、祖先神にまで崇《あが》めていったのだといい、こうした「蛇に対する思いは縄文時代に限ったことではなく、その後も表面から隠されながら命脈を保ちつづけ、地下水のように日本文化の諸相の底を縫って流れ、現代に及んでいる」と指摘しています。たとえば神社のしめ縄は、まさに蛇のオスとメスのからみ合った姿が象徴的に表わされているのだといいます。

しめ縄と蛇の交合

小説家・田口《たぐち》ランディの短編集『蛇と月と蛙』に面白い話を見つけました。オムニバス形式の物語の一つにこんな話が出てきます。ある女性が、子供の頃にたまたま見た蛇の交尾シーンを思い出す場面です。

「お正月に神社にお参りに行くでしょう。そうすると〝しめ縄〟が張ってありますよね。あのしめ縄がね、そっくりなんです。交尾していた蛇の姿に。もう、うり二つ。だから、しめ縄を見ると、どうしても蛇の交尾に見えてしまうんです。学術的なことはわからないけど、しめ縄のルーツは蛇なんじゃないでしょうか。交尾する蛇がなぜしめ縄のような神聖なものとして扱われるのか、私にはよくわかりませんが、あの姿はほんとうに異様だった。異様なんだけど、なんていうか、すごく切実な感じで、胸苦しいほどだった。生き物は、淫らでけなげだなあと思いました。でもきっと、神様の目から見たら、人間も同じように淫らでけなげな、生き物のひとつかもしれないですね」

まさに、この物語に登場する女性は縄文人のように神話的世界を感じているのです。吉野や田口の指摘で、私は目からウロコが落ちました。考古学者は折に触れ、縄文人の蛇信仰について指摘してきましたが、縄文文化、日本文化のある意味では中核をなしている可能性があるなどとは、これまで誰も気づきませんでした。吉野の眼力には驚かされるばかりです。

二〇〇種類以上の撚り方

興味深いのは、蛇の表現が関東甲信越地方では粘土紐《ひも》で行なわれることが多いのに対し、東日本では縄の原体の撚り方に工夫がこらされ、縄文時代を通して二〇〇種類以上もの撚り方を編み出したことです。たとえば「結節・結束」と呼ばれる縄の回転でできる文様は蛇のニョロニョロとした軌跡をレトリックし、「網目様撚糸文《よりいともん》」は蛇の体の菱形《ひしがた》模様を象徴的にレトリックしていると読み解けます。

ややもすると、東日本の縄文土器が中部山岳地方などの粘土紐で立体的な文様を施した土器と比較され、見劣りするような印象で捉《とら》えられがちですが、文様の意味するところに優劣はなく、もちろん技術的な優劣で比較するのも意味がありません。違い自体は、考古学者の「型式」に相当するものですが、縄文人にとっては、月や蛇をどのように表わすかという単なる表現上の違いに過ぎないように思います。

ところで、六〇〇〇年ほど前の時期になると、東日本のほぼ全域の土器が植物の細かな繊維が練り込まれた土器になります。有名なのは、東北北部から北海道南部の地方で作られた「円筒下層式土器」と呼ばれる平底の土器です。

土器中の繊維に最初に気づいたのは、先にも紹介した編年研究の大家・山内清男です。山内によれば、縄文の文様に使う植物繊維は粘土に混ぜられているのではなく、粘土の芯《しん》となるがごとくに横向きに入れられているそうです。

北海道の繊維土器の中には、「静内中野《しずないなかの》式土器」など一群の尖底《せんてい》土器があります。面白いことに、この土器に入れられている植物繊維は、撚りのかかった縄文の原体そのものなのです。長さが一～二センチ足らずの短い縄ですが、かなりの数が入れられています。おそらくこれを月のシンボリズムで読み解けば、月の水を運ぶ蛇を表面に縄文として描くだけでなく、粘土中にも練り込んだのだと思います。もちろん撚りのかからない植物の繊維も蛇の象徴であり、意味するところは同じなのでしょう。

貝殻文の意味

縄文だけでなく、ここで再度、貝殻文にも触れておきましょう。貝による文様はいったい何をシンボライズしているのでしょうか。

エリアーデは、世界中の神話の中で、貝が水をシンボライズし不死と再生のシンボルとなっていることを指摘しています（『イメージとシンボル』）。水は、いうまでもなく月からもたらされているものです。おそらく縄文人は不死と再生を願って、月のシンボリズムにのっとり、月の水で生きる貝を（それは女性器や赤ちゃんをも象徴するので）蛇のシンボライズに代えて土器の表面に描き続けたに違いありません。

めずらしい例としては、北海道北東部に分布する七〇〇〇年ほど前の「暁《あかつき》式土器」は、底面にホタテ貝の放射肋《ほうしゃろく》が押しつけられています。これも単なる製作上の特徴としてではなく、月のシンボライズとして見ておく必要があるように思います。

ここで時代は現代にまで飛びますが、かつて八重山《やえやま》諸島では一九世紀中頃まで、「パナリ焼」という素焼きの骨壺《こつつぼ》が作られていました。起源は明らかではありません。

パナリ焼の特徴は、粘土に砕いたカタツムリや貝の殻を混ぜて作られていることです。言い伝えでは、良質な粘土がなかったために粘土の繋《つな》ぎに貝殻が入れられたとありますが、果して本当にそうでしょうか。月の民話が数多く残されている八重山ですから、案外、月のシンボリズムとして貝やカタツムリ（渦巻きは月や蛇の象徴です）が登場しているのではないかと私は疑っています。

残念なことに、八重山は縄文文化の圏外であったようですが、月の民話の多いことも考えると、月のシンボリズムの普遍性を見て取ることもでき、たいへんに興味深い地域だと思います。

3　なぜ尖り底にしたのか

尖り底の謎

次に、尖り底《とが》の土器についても検討してみることにします。

「尖底土器」と呼ばれるこの土器も、器としてはとても不思議な形をしているにもかかわらず、どうしてそのような形に作られたのか、これまで真剣に議論されたことがありません。考古学者が行なってきた議論は、尖り底をもっぱら型式上の特徴として捉え、議論は土器の分布の時間的・地域的な広がりに終始してきました。

そうした中で、「民俗考古学」を標榜《ひょうぼう》する名古屋大学の渡辺誠《わたなべまこと》の意見は興味深いものがあります。考古学者がかねてから、縄文土器の起源と発達はドングリのアク抜きのためだと主張してきたことを踏まえて、渡辺は「初期の尖底土器はそのアク抜きに伴う激しい煮沸のためにもっとも適合した形態である。そして前期には平底形へと変化するが、これは土器作りの技術が発達したのではなく、製粉技術の出現によってクズ、ワラビ、ウバユリなどの地下茎・球根類からのデンプン取りが盛んになったためで、その沈下量を増やすためには円筒形土器がもっとも効果的である」と述べています（「縄文宗教と食料問題」）。

どういうことかというと、「土器のなかのデンプンを含んだ水を何度も攪拌してそれを沈殿させると、しだいに混じり物の少ない良質のデンプンだけになってくる。それに伴って堅くなって取り出しにくくなる」ので、筒型の円筒土器は、取り出すのに最適な形だというのです。デンプンは、土器を壊して取り出すらしいのですが。

尖底土器：北海道中野 B 遺跡
［北海道埋蔵文化財センター提供］

この作業は、水を何度も取り替えるだけで、火を焚《た》いて煮詰めることはしません。円筒土器には火にかけた痕跡《こんせき》が少ないのでとても合理的な説に思えますが、北海道の円筒土器とデンプン取りとの関係を考えてみると、渡辺の解釈では説明がつかない点もあるのです。というのも、かつて私は縄文人の虫歯の調査を行なったことがあるからです。

縄文人の虫歯と土器の関係

縄文人の虫歯の調査で私はあることに気づきました（「縄文時代の虫歯率」）。虫歯は、ストレプトコッカス・ミュータンスなどの虫歯菌によってかかる感染症です。虫歯菌の栄養源になる炭水化物（デンプン質）の摂取が大きな原因です。

そこで私は、全国の縄文人の虫歯率を一〇年かけて調べたのです。その結果、面白いことがわかりました。本州の縄文人には高い虫歯率が見られる一方、北海道の縄文人にはほとんど虫歯がないのです。本州では、縄文時代以後、ますます虫歯が増えますが、北海道は、近世のアイヌまで虫歯はほとんど見られません。

縄文時代だけに限ってみても、北海道では虫歯の原因になるドングリや山菜類などデンプン質の多い食べ物をとっていないことがわかるのです。つまり、北海道ではアク抜きの道具は必要ないのです。ですから、北海道で作られた円筒土器は、本州と同じように煮炊き用の鍋《なべ》として使っていたか、あるいは、もしかすると本州でも尖底土器や円筒土器がドングリのアク抜き用としては用いられていない可能性も考えられるわけです。

尖底土器は、縄文時代の早期から前期にかけて九州から北海道までの広い地域で作られました。安定性を欠く尖底土器は、機能面から考えると、道具としてこれほど使い勝手の悪い器はありません。しかし全国に普及しているのですから、機能面だけではない何か重要な理由が隠されているに違いありません。

能登健《のとたけし》は、この使い勝手の悪い不安定な尖底土器が作られた理由について興味深い見解を述べています。土器は、「平底から丸底になり尖底へと徐々に変化して、その後はその逆の流れによって平底へと戻っていくのである。このことから、土器の形の変化は具体的な機能の変化や転換ではなく、単なる造形上の流行である」と解釈したのです（『縄文時代』）。

しかし私は、尖底が全国に波及した形であるだけに、能登のいうような単なる流行ではなく、さらには渡辺のいうアク抜き事情をも超えて全国的な広がりを持っているのではないかと思うのです。つまり、ここにもナウマンが指摘する月のシンボライズが隠されているのではないかと考えます。

そもそも尖底土器は、最初の縄文土器の形として平底の土器と相前後して出現する

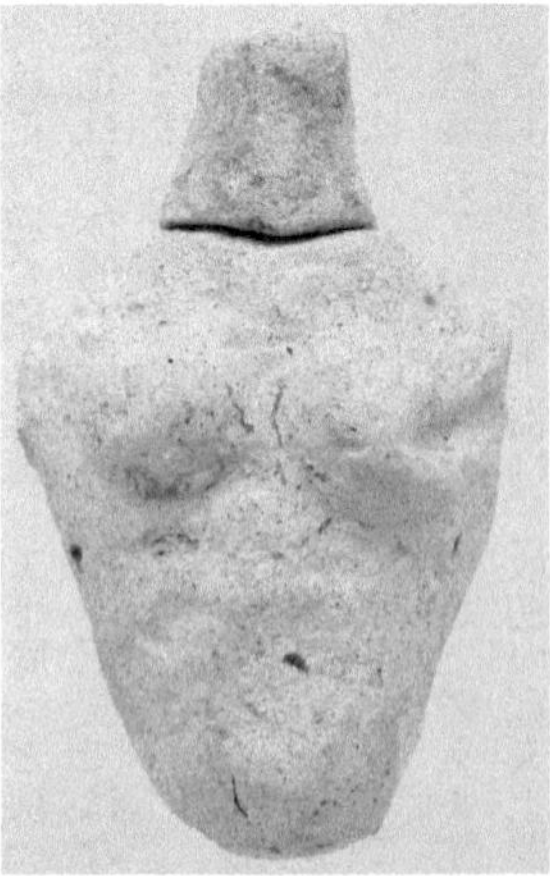

最古の土偶：三重県粥見井尻遺跡
［三重県埋蔵文化財センター提供］

ことを見逃してはなりません。平底の土器もあるのですから、鍋としての機能が重要であれば平底がもてはやされたに違いありません。ところが、日本列島を駆けめぐったのは尖底の土器でした。

尖り底と土偶の関係

そこで私は、土器が作られた時期とほぼ時を同じくして土偶が作られた点に注目しました。古い段階の土偶は例数が少ないのですが、最古の土偶である三重県粥見《かゆみ》井《い》尻《じり》遺跡の土偶を見てみましょう。それは足が省略されて逆三角形に表現されていますが、頭部や乳房はしっかりと表現されています。後の時代の土偶の要件はすでに備えていると見てよいでしょう。

こうしたことから、すでにこの時期、縄文人には月に身ごもりの水を求める信仰心が芽生えていて、それを象徴する土偶を作り、同時に月の水を集めるための儀式用容器として足を省略した土偶形の尖底土器をデザインしたのではと私は想像しています。

後になって土偶が中空に作られるのも、この容器の儀式的機能を高めるために必要な形だったように思われます。さらに土器の形も、渡辺誠が女性像として注目した「人面付き」の土器（『よみがえる縄文人』）が数多く創作されるようになっていきます。これは土偶がますます人間の体に近い表現となり、女性の身ごもりに必要な月の水を溜《た》める容器として発達していくことを表わしているのではないでしょうか。

つまり尖底土器は、機能的な鍋でも造形的な流行でもなく、月のシンボリズムの中で作り出された形だと考えられるのです。

4　壺は何のための容器か

上野原遺跡の壺形土器

縄文土器づくりの開始と共に現われる壺形《つぼがた》土器もとても面白い造形です。鹿児島県霧島《きりしま》市（旧国分《こくぶ》市）の上野《うえの》原《はら》遺跡は、日本最古（九五〇〇年前）の集落遺跡として話題を集め、国の史跡に指定されました。しかし、住居には生活の痕跡が希薄であり、逆に宗教性を帯びたおびただしい数の出土品があります。このことからも、私はこの遺跡はむしろ祭祀《さいし》にかかわる性格の遺跡ではないかと考えています。

最古の壺形土器（双子壺）：鹿児島県上野原遺跡［鹿児島県立埋蔵文化財センター提供］

上野原遺跡の宗教性を物語る資料の一つが壺形土器です。ここから出土した壺形土器は、九〇〇〇年前の造形にもかかわらず、弥生の壺と見まごうばかりの造形で、多くの考古学者を驚かせました。集落のある台地のもっとも高い位置に掘られた円い穴に、二点の壺が口を上に向けて並べられていたといいます。

調査者は、壺形の土器が南九州でいち早く作られた理由について、「縄文早期の南九州は、植物加工石器の出土比率が高く、照葉樹林帯の環境下で植物質食料への依存度が高かったことを示唆している。そして、これらの環境下から、必然的に壺形土器が形成されるものと考えている」と、生業との関連性が強いことを指摘しています（「南九州の初期縄文文化」）。とても合理的な考えです。

さらに興味深いのは、壺の用途についてです。「もちろん壺形土器は、木の実の貯蔵のほか栽培植物の種子類の保存・貯蔵が考えられる。一方、福井県鳥浜《とりはま》貝塚のように、西日本では照葉樹林の定着にともなって縄文前期の文化が飛躍的に発展したとされるが、これにも対応する」としています。
面白い考え方ですが、であれば落葉広葉樹林帯の東日本と西日本では壺の出現の理由が異なるということも考えられるわけで、ちょっと腑《ふ》に落ちないところもあります。

壺のシンボライズ

壺形土器について私はこう考えます。上野原遺跡の壺は、おそらく何かをシンボライズしたからこそ作られた形でしょう。使われ方も、集落の端の高台から出たことを考えると、そうした壺形の土器に込められたシンボリズムが反映されているに違いありません。出土の状況を見るにつけ、単に貯蔵用に作られたとは考えにくいのです。

上野原の壺だけでなく、壺形土器そのものが何をシンボライズしているのかを考えるうえでヒントになるのは、北海道で作られた北斗《ほくと》市茂辺地《もへじ》遺跡の「人形装飾付異形注口土器」と名づけ

人形装飾付異形注口土器：北海道茂辺地遺跡［東京国立博物館所蔵、Image: TNM Image Archives 提供］

られた壺です。同じ形の壺は、青森県の十腰内《とこしない》遺跡や小形《おがた》遺跡からも出土していますが、これらに共通しているのは、細い頸《くび》の部分に人の顔が描かれていることです。

茂辺地遺跡の壺は、頸が途中から左右に分かれていて、そこにも顔が描かれていいます。そして、ドーナツ状の胴部には、これを抱え込むように大きな腕と手が描かれているのです。つまり、壺は、頸の部分が顔、胴の部分がお腹としてデザインされており、それはとりもなおさず身ごもる女性の姿＝顔とお腹（子宮）を表現していると読み取れるのです。

このように考えてくると、あの上野原遺跡の二つの壺も、まだ人の顔は描かれてはいませんが、やはり月のシンボリズムにのっとって子宮をシンボライズしたものだと考えられるのです。壺の口はもちろん月の水が注ぎ込まれるようにデザインされているのではないでしょうか。口と頸を細くデザインすることで壺の形が生まれるわけですが、おそらくそれは、月から子宮に水を運ぶ蛇の通り道に見立てられているようにも思えます。

壺が月と女性（子宮）をシンボライズするという考えから作られていると思われる例は、縄文土器だけでなく、インカ文明や先コロンブス期などの農耕文化の土器にも顔付きの壺が数多くあり、同様のシンボリズムが時空を超えて普遍的な広がりを持つことに驚かされます。

もちろん日本でも、弥生文化の土偶や「土偶形容器」「人面付壺形土器」にその伝統が受け継がれていることはいうまでもありません。土偶形容器には、神奈川県中屋《なかや》敷《しき》遺跡のように、中に子供の骨が入れられていた例もあります。おそらく、単なる「骨臓器」というのではなく、縄文土偶と同様に月のシンボリズムにのっとって作られた再生信仰のための祭祀道具だったのではないでしょうか。

じつは、古墳時代の埴輪《はにわ》にも気になる造形がいくつもあります。弥生土偶の造形意識が古墳時代にも引き継がれていると考えたのは、考古学者の野口義磨《のぐちよしまろ》や永峯光一《ながみねみつかず》です（「土偶から埴輪へ」「呪的形象としての土偶」）。千葉県芝山《しばやま》古墳の埴輪に見られる耳や目の表現が、弥生の「容器形土偶」のそれと類似していることを指摘したのです。しかしそれは「特殊性」として片付けられてしまい、造形理念にまで踏み込んだものではありませんでした。

頭に壺を頂き子供を背負った姿の茨城県高戸《たかど》出土の人物埴輪に代表されるような造形は、たしかに弥生時代の土偶や「人面付壺形土器」からの造形理念が感じられます。また、茨城県舟塚《ふなつか》古墳の「楯持人《たてもちびと》」と名付けられた埴輪には、頭に二つの容器状の突起があり、縄文の中空土偶（北海道函館《はこだて》市の国宝土偶）の造形理念そのままに作られているとさえ思えます。

5　異形土器も土器か

分類できない形の土器

「異形土器」という用語が使われ出したのがいつからかは定かではありません。それほど古いことではないように思います。一般的な縄文土器の形の分類として用いられる鉢、甕《かめ》、壺、皿、高坏《たかつき》（台付き鉢）、注口にあてはまらない形の土器に対して付けられている名前です。異形土器ではなく「実用でない土器」と呼ぶ学者もいます。いずれにしても、異形土器ですから、何に使ったかは別として、一応「器」として考えられるもののようです。

どれも奇妙な形をしていて、とても器とは思えないものもあります。しかし、型式分類好きの考古学者ですから、どんな形の土器にも名前が付けられています。私が唸《うな》ってしまったのは、京都大学の泉拓良《いずみたくら》の分類です（『縄文土器出現』）。有孔土器、トロフィー形土器、器台形土器、環胴注口土器、革袋形土器、靴形土器、環状注口土器、双子土器、台付き異形土器、足付き土器、鮑《あわび》形土器、三足付き土器、巻貝形土器、甑《こしき》形土器、手燭形土器、異形片口土器、瓢《ひさご》形土器などがあり、さらにこれは一般的な名称になっていますが、香炉形土器というのがあります。また、形は一般的な土器と同じでありながら極端に小形で実用に耐えない特殊な土器として、小形土器（ミニチュア土器ともいわれます）と銅鐸《どうたく》形土器をあげています。

異形土器の、奇妙な形以外のもう一つの特徴は、数が少ないということです。靴形土器のようにほとんど類例のないものもあります。そうした中で比較的数の多いのは、香炉形土器（あるいは釣り手形土器）かもしれません。

泉は、これら異形土器の性格を、「中・後期になると、一点一点の個性が豊かな土

（上）異形土器（双子土器）：富山県境A遺跡［富山県埋蔵文化財センター提供］
（下）異形土器（環状注口土器）：新潟県本屋敷遺跡［村上市教育委員会提供］

器や、日常生活には使えないような土器が現われる。それまでの土器にも認められた祭祀的・呪術的機能がより強調された土器や、生活用具としての機能が意識されなくなった特殊土器の出現といえよう」と説明しています。

人面・土偶装飾付の土器

泉以外の分類では、渡辺誠の研究を見逃すわけにはいきません。渡辺は、縄文土器の中に時折見ることができる人面や土偶を付けた土器に着目し、これを「人面・土偶装飾付土器」として分類しています。北海道から岐阜県にかけての東日本に広く分布する人面・土偶装飾付土器の「装飾」は、深い鉢形の土器にもっとも多く付けられますが、浅い鉢、壺、注口の土器にも見られます。泉の分類にはない、下部単孔土器、有孔鍔付《つばつき》土器にも出現するといいます。

ちょっとわかりにくいのですが、こうした人面・土偶装飾付土器が出現する背景に、渡辺は、縄文人の心性に「死と再生」を司《つかさど》る母神を崇める信仰があり、生活道具として作られたさまざまな形の容器は、いずれも「死と再生」を象徴しているのだといいます（「人面・土偶装飾付土器の体系」）。粗製のものから人面や土偶が付けられたものまで、どの形の異形土器もピラミッド構造をなしていて、その頂点にあるのが「人面・土偶装飾付土器」ということです。たとえば、口の二つある「双口土器」にも、ただの双口土器と、注口の付いた双口土器、そして人面と注口の付いた双口土器があって、もっとも「死と再生」を象徴しているのが、この人面付きの土器という説明です。

渡辺の考えで重要なのは、異形土器は単なる気まぐれで作られたのではなく、どの形も「死と再生」を象徴する、きわめて「体系的」な造形になっているということです。

こうした装飾土器は、いずれも最初から女性の体に見立てられていて、「最盛期のタイプはさらに向かい側に男性土偶・男性を象徴するマムシとセットとなり、中で煮られた食べ物が、性的結合の産物である新しい生命として意識されていたことを明確に示している。（中略）この食べ物と赤ん坊の関連をさらにはっきり示しているのが、いわゆる出産土器である。その典型例である山梨県須玉町津金御所前遺跡出土例は、股間部から今まさに生まれ出んとしている子供の顔が、胴部の前後に二つ表現されている」と、渡辺は象徴の意味を読み解いています。

人面・土偶装飾付土器（出産文土器）：山梨県津金御所前遺跡［北杜市埋蔵文化財センター提供］

つまり、それらが象徴しているのはあくまでも母神であり、ときとして母神（女性）がイノシシとして、男性がマムシとして表現されるといいます。

香炉形土器

一方、香炉形土器については、田中基の魅力的な解釈があります（『縄文のメドゥーサ』）。田中は、長野県八ヶ《やつが》岳《たけ》南麓の曽利《そり》遺跡二十九号住居跡から出土した大型の香炉形土器を分析して次のように考えました。まず、これが実用的なランプの機能を持っているとしたうえで、前面に開けられた大きな円形の灯《あか》り穴が女性生殖器を表現し、裏面にはかなりデフォルメされた蛇の顔が描かれていることから、裏と表が生と死というような「二極相」として表現されていると考えたのです。

そしてこのことは、「あどけない少女の顔とその中央を占める円い性器より火の誕生する様を表現した〝正面像〟は、新しく蘇った、植物の萌える春の表徴であり、恐

香炉形土器：長野県曽利遺跡
［富士見町井戸尻考古館提供］

怖を誘う蛇体だらけの女神の切断された首の〝裏面像〟は、メドゥーサの凶眼に象徴されるようにすべてを不毛の石と化す、植物の死の季節、冬を象徴する。そして、この女神像の正・裏の転換によって春が来たり、死の季節がやってくる」と田中はしています。

以上、異形土器の解釈について、三人の研究者の意見に耳を傾けてきました。しかし私の解釈は、いずれの解釈とも違います。やはりナウマンの月のシンボリズムにあてはめることで読み解きを進めてみたいのです。

「器」としての性格

まず私が目をつけたのは、異形土器といっても、基本的にはどれもやはり「器」であるという点です。実用品としては安定性が悪いとか口が小さいなど、たしかに使い勝手はどれもよくありません。とくに水を容《い》れる器としては最悪のものばかりといってもいいくらいです。しかし、何よりも器だということが、これらの性格を考えるうえでは重要だと思うのです。

つまり、どの異形土器も基本的には「上」に開口部を備えています。そこにはさまざまな工夫が見て取れますが、いずれも月の水を集めたいという心性の発露を読み取ることができます。

例外的なのは「器台形土器」ですが、これはあるいは名前どおりに他の器を載せるための台なのかもしれません。それでも、側面には「蛇の目」が描かれており、やはり月のシンボリズムに関与していることが読み取れるのです。

興味深いのは巻き貝と鮑の「貝形土器」です。器というよりも、この土器に関しては貝の造形そのものが水のシンボライズを通して月を象徴しているのでしょう。

また、少し前に出てきた「人面・土偶装飾付土器」と「香炉形土器」はどうでしょう。渡辺の人面・土偶装飾付土器に対する考え方は、単にこの製品の特徴だけにとどまらず、縄文のものづくり全体を体系的・構造的に捉えようとしています。しかもそのキーワードを「死と再生」に据えたのですから、これまで誰も思いつかなかった画期的な考え方であると思います。

それだけに、なぜ土器が女性やイノシシに見立てられるのか、またなぜ男性がマムシに見立てられるのか、さらに、深鉢だけでなく浅鉢や壺・注口といったように、さまざまな器の形に女性の身体が見立てられる意味は何なのか、さらなる説明が待たれます。

一方、田中の神話的解釈にも私は魅力を感じますが、火の穴が女性器を象徴しているという点には疑問を感じます。縄文人が、土偶や土器において女性器を象徴的に表現することがきわめて稀《まれ》だからです。

単純な見方に過ぎるかもしれませんが、香炉形土器の開口部にある大きな穴は、女性のお腹、つまりは子宮を月のシンボライズとして表現していると捉えたほうが自然です。穴の周りに描かれた線は、子宮を包み込む手が描かれていると私は考えます。

結局、「釣り手土器」も含めて、このタイプの異形土器の意味するところは、ほかの異形土器同様に、月のシンボライズとしての女性、子宮、蛇、蛙などではないでしょうか。香炉形土器に限っていえば、機能的にはランプではなく「月の水を集めるための容器」なのです。もちろん実用品ではなくあくまでも祭祀道具ですが、祭祀的な行為として中に火が灯《とも》されたとしても不思議ではありません。

6　結論——縄文土器は鍋ではない

第一節では縄文文化を代表する土器を取り上げて、その形や文様の意味を考えてみました。従来の考え方では、はじめから「土器は鍋」と決めつけていたきらいがあり、尖底土器も壺形土器も、また鍋とは考えにくい異形土器も、まずは鍋のような何らかの機能が備わった道具だとされてきたのです。そのうちのいくつかは、たとえば香炉形土器と呼ばれるようにランプとしての機能を持つものとして考えられてきました。

　しかし私はまず、これまで誰も真剣に考えてこなかった「縄文」の意味について考えてみました。そこで見えてきたのは、縄文人が土器づくりの初期段階から「縄」を月のシンボライズとしての「蛇」に見立て、さらには「貝」も同様に月のシンボライズとして考えていたことでした。また、多彩な異形土器は、その出土状態などからこれまでにも祭祀的な性格が議論されてきましたが、その造形に特別な合理性はなく、あくまでも月のシンボリズムの中で、さまざまな形が生み出されてきたことに思い至りました。

　ここまで幾人かの学者の意見に耳を傾けてきましたが、渡辺誠の指摘にもあるように、縄文のものづくりが、「死と再生」という神話的世界観を背景に、きわめて体系的に形づくられてきたことは間違いありません。縄文土器の鍋としての機能を否定するわけではありませんが、おそらく土器の本質は呪術宗教的な造形物であったのではないかと思います。

　縄文土器は「鍋」ではなく、「鍋にも使った」というのが実態ではないでしょうか。縄文土器は、小林達雄が指摘したように、縄文人の世界観を描いたまさにキャンバスだったのだと思います。

第二節　土偶のワキはなぜ甘い

1　土偶研究は今

ロマンをかきたてる土偶

縄文文化にとくに関心のない人でも、土偶を知らない人はいないと思います。あの愛くるしい表情や、奇妙奇天烈《きてれつ》な容姿が、人々に太古のロマンをかきたてるのです。

土偶は、古くから多くの好事家の注意を引きました。なかでも有名なのが江戸時代の国学者菅江真澄《すがえますみ》（一七五七〜一八二九年）でしょう。菅江は、津軽《つがる》や出羽《でわ》の国で見つけた土偶を、紀行文に絵入りで紹介しながら「蝦夷《えぞ》」によって作られた可能性をほのめかしています。

明治以降はアメリカやヨーロッパから先史学や考古学がもたらされ、土偶についての科学的な論文も数多く書かれるようになります。当時は、イレズミや服飾など土偶の風俗的な解釈が盛んに行なわれましたが、しだいに用途論に関心が移り、女神や安産の守り神といった宗教的な解釈が行なわれるようになりました。

現在、全国で発見されている土偶は一万八〇〇〇点ほどです。土偶は縄文時代の初めから作られ、本州では弥生時代まで作られ続けます。地域的にも、徳島、島根、沖縄以外の都道府県で見つかっており、まさに日本列島の縄文文化を代表する存在です。土偶が数多く発見されている地域は、青森、岩手、山梨、長野などです。ただし、青森県では三内丸山《さんないまるやま》遺跡から、山梨県では釈迦堂《しゃかどう》遺跡からその大半が見つかっていますので、全国の各遺跡から満遍なく出てくる土器の在り方とはかなり違っています。

土偶はなぜ作られた

縄文人は土偶を何のために作ったのでしょうか。長い土偶研究の歴史の中で、じつは戦前の非常に早い段階から、一つの定説があります。それは、土偶を女神や地母神とした解釈です。

近年はさらに、土偶が男でも女でもない、いわば「精霊」的な性格を持ち、縄文社会の中では地域や時代を超えて普遍的な価値を持つ存在であることが指摘されています。戦後の土偶研究の一つの到達点といってもいいでしょう。こうした研究をリードしてきたのが、慶応大学の江坂輝彌《えさかてるや》、國學院大学の小林達雄、弘前大学の藤沼邦彦《ふじぬまくにひこ》、そして文化庁の原田昌幸《はらだまさゆき》らでした。

そうした土偶研究を距離を置いて眺めていた私は、しだいにある思いを持つようになりました。それは、土偶が安産の守り神に過ぎないならば、それほど大きな意味はなく、そこから縄文文化の本質を明らかにすることはできないだろうという〝偏見〟といっていいかもしれません。それが私を土偶研究から遠ざけていました。

そんな私が、ひょんなことからドイツの日本学者ネリー・ナウマンの最後の著書『生の緒――縄文時代の物質・精神文化』（二〇〇五年刊）を手にするのです。この本との出会いがなかったら私はその偏見を払拭《ふっしょく》することはできなかったかもしれません。『生の緒』の出版当時、民俗学者の赤坂憲雄《あかさかのりお》は北海道新聞の書評で、「考古学に激震を走らせる。日本研究のパラダイム変換が起るほどの衝撃をはらんだ労作」とナウマンを称《たた》えました。それまで日本の考古学者が「根拠のない空想」と知りつつ、人類学や民俗学とは距離を置きながら独自に続けてきた縄文精神文化の研究を一蹴《いっしゅう》するものだったからです。赤坂はその評論を「土偶や土器を装飾している象徴の群れを、環太平洋的な文化のコンテクストのなかで解読することとして、縄文人の精神世界の一端を明らかにしたのである。（中略）ナウマンの方法は開かれたものであり、将来における考古学・民俗学・人類学の連携の可能性を暗示している」と結んでいます。

しかし、それから八年を経た現在も、土偶研究においてはまったくといっていいほどナウマンの研究成果は取り入れられてはいません。この数年間にロンドン、東京、さらには北海道で開催された〈国宝土偶展〉においても、ナウマンや赤坂が指摘した、「実利的な意味合いを付与するのが難しいとき、きまって持ち出される呪術祭祀、豊穣儀礼、祖先崇拝、そして女神、精霊、守護神といった解釈」が溢《あふ》れています。

ナウマンの研究に背中を押されて

二〇一〇年、私は、ナウマンの本に背中を押されるようにして東京で行なわれている〈国宝土偶展〉の会場に向かいました。そして土偶のまわりを歩き、自ら象徴探しを行なったのでした。ナウマンの指摘した「月のシンボリズム」が、実物をとおして面白いように体感できました。

そんな土偶の象徴の読み解きに夢中になっている私のそばで見学していたご夫婦の会話が、今でも強く印象に残っています。「土偶って、どうしてこんな変な格好をしてるんでしょうね」。この一言は、私の土偶研究に対する新たな意欲をかき立てたといってもいいくらいの衝撃でした。

はたして考古学者は、土偶の姿形がなぜあのように作られたのか、縄文土器の形や模様に意味はあるのか、といった根本的な問いかけをしてきたでしょうか。長い間、土器の型式分類にのみうつつをぬかし、実利的な意味合いだけを追い求めてきたのではないでしょうか。そうした研究姿勢では、おそらくそれらの問いに答えることはできないでしょう。いや、そうした問いかけすらできなかったでしょう。

私はあらためて、ほかの学問を援用して縄文の読み解きを行なったナウマンの研究姿勢に襟を正し、学問間の垣根を乗り越えてこれからの新しい考古学をめざそうと心に誓ったのでした。

2　土偶の顔はなぜ上を向く

ナウマンの発見

ナウマンは、「土偶は女神」とする日本の考古学者の解釈は根拠が乏しいとしました。そして神話学や図像解釈学を援用しながら独自の土偶解釈を行ないました。とくにナウマンの解釈で重要なのは、世界中の神話や民族例を分析したうえで、土偶の造形に月が象徴的に表わされていることを突きとめた点です。もちろん月は、ミルチャ・エリアーデやユングの高弟エーリッヒ・ノイマンの指摘する元型の一つ「グレートマザー」からイメージされた「死と再生」の象徴です。

ナウマンは、縄文人は満ち欠けにより姿を変える月を「死と再生」になぞらえたと考え、そこに呪術宗教的な価値を見出《みいだ》したのだと、月のシンボリズムの意義を力説しました。そして月がこの世のすべての水をもたらし、人も動植物も「月の水」によって生かされていると考えるのは、科学が興る以前の狩猟採集社会の共通した思考方法だったと指摘しています（『生の緒』）。だから縄文土偶の造形にも、月を象徴した図像が散りばめられているのだと考えたのです。

土偶の顔の向き

ナウマンのこうした考え方に従い、土偶造形の意味を「月のシンボリズム」から具体的に読み解いてみることにしましょう。

まず土偶の顔を見てみます。一般に、土偶の顔は最初の段階では描かれません。最古とされる三重県松坂《まつさか》市の粥見井尻遺跡（一万三〇〇〇年前）の土偶も、頭部は表現されていますが、顔は描かれていません。同時に、もう一つ特徴があります。それは、古い頃の土偶は足の表現が極度に簡略化されていて、自立できるものはほとんどないということです。縄文時代も中頃（五〇〇〇年前）になって足が表現され、自立するようになります。それと同時に顔も描かれるようになってくるのです。

　面白いのは、こうして作られた自立型の土偶の顔がことごとく上を向いていることです。上といっても真上ではありません。心持ち上です。しっかり斜め前方を向くものも少なくありません。また、この頃から顔や頭のてっぺんがお盆状あるいは皿状に作られるようになるのです。

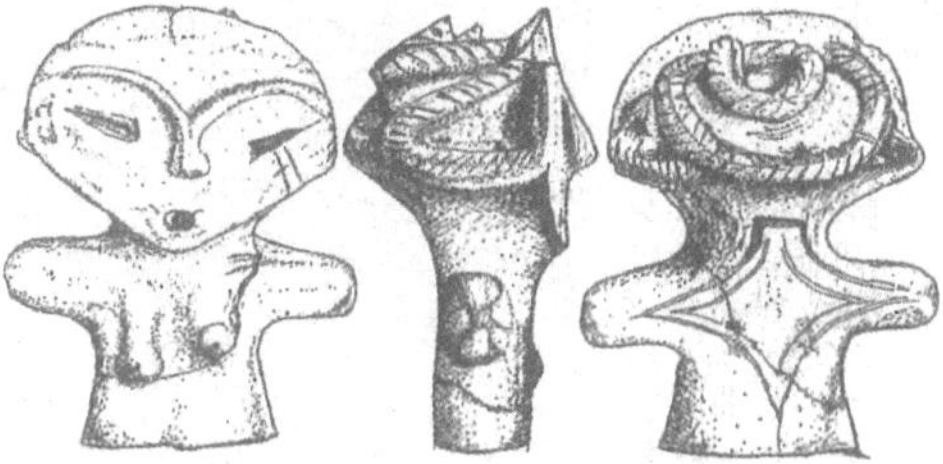

頭に蛇を載せた土偶：長野県藤内遺跡［吉野『蛇』より］

　ナウマンは、てっぺんがお盆状や皿状のこうした容器が、中国や中近東、アメリカなどの、牡牛《おうし》や牡羊《おひつじ》の左右の三日月状の角が作る湾曲した形などと同様に、月の水を集める容器に見立てられると考えるのです。あるいは月が容器そのものとも考えられることから、土偶の顔自体が月の象徴と見なしているのです。

　そのことについてナウマンは、図像解釈学者カール・ヘンツェが報告したイラン西部の遺跡から出土した牡羊の土製品を例にあげています。この土製品では、蛇の頭が三日月形の角の中間にありますが、その意味をナウマンは、「蛇は脱皮を余儀なくされる。蛇はまず中から這

上を向く土偶：長野県坂上遺跡［富士見町井戸尻考古館提供］

い出て、死んで硬直したようになってから古い皮を脱ぎ捨てて新たな生を開始する。とすれば、牡羊の角がやや強く三日月状に湾曲している理由もいまや判明するであろう。蛇は角から（月の水を）飲むのではなく、角が形づくる三日月から飲む」姿を表わしているといっています（括弧内は大島が加筆）。

ナウマンは、月をお盆やお皿といった容器として見るこうした象徴思考の文脈の中に、長野県富士見《ふじみ》町藤内《とうない》遺跡から出土した頭にトグロを巻いた蛇を載せる土偶を位置づけ、読み解きを行なっています。そして、月、身ごもる女性、身ごもる女性に月の水を運ぶ蛇、という象徴関係が、時空を超えて存在することにナウマンは驚かされます。

群馬県郷原《ごうばら》遺跡の「ハート形土偶」や、長野県坂上《さかうえ》遺跡出土の「涙を流す土偶」は、はっきりと顔が窪《くぼ》んでいることがわかる例です。また、神奈川県稲荷《いなり》山《やま》貝塚や神奈川県横浜《よこはま》市三《み》ツ沢《ざわ》町貝塚などから出土した「筒形土偶」と呼ばれる一群の土偶には、お盆状に窪んだ顔が上方を見上げているとわかるものが少なくありません。

さて、ではこうしたお盆状・皿状の顔や頭の土偶が、なぜ上方を見据えるようにして作られているのでしょうか。それは、見上げる顔の先に月があるから、と見て間違いありません。じつは土偶は、窪んだ顔だけでなく、どんな顔の造形であろうとも、基本的には斜め前方あるいは上向きに作られる傾向にあります。うつむいた土偶はほとんど例がありません。それには理由があるはずです。その理由とは、土偶が月の水を集めるという呪術宗教的な役割を担っているからに他なりません。天にそびえる月を崇めるポーズが意識されているのです。

国宝四点も月を見ている

そうした文脈で国宝の土偶四点を見てみましょう。

北海道函館市の著保内野《ちょぼないの》遺跡から発見された中空土偶は、横から見ると顔が上向きであることがわかります。この土偶は、一九七五年に著保内野のジャガイモ畑から偶然発見されたものです。急遽《きゅうきょ》行なわれた地元教育委員会の調査によって、土偶は長さ一七〇センチ、幅六〇センチ、深さ二五センチの墓と推定される穴から出土したことが明らかになりました。土偶は墓の真上にあったもので、公式には「海岸方向に頭位を持つ伏臥《ふくが》状態で存在した」とされていますが、発見者の小板ヤエさんによれば、

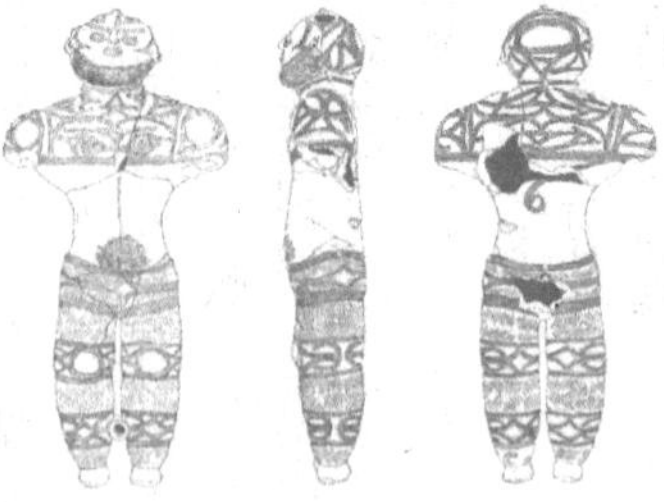

中空土偶の図：北海道著保内野遺跡
[『考古学雑誌』61巻より]

「不確かではあるが、土偶は垂直に置かれていた」といいます。

　土偶が月の水を集めるための容器だとしたら、小板さんがいうように、この中空土偶は土坑中に立てられていたのではないでしょうか。発掘時の小板さんの証言は重い意味を持つように思われます。

　青森県八戸《はちのへ》市の国宝土偶「合掌土偶」も、月に向かって祈る姿が表現されたものだと見て間違いないでしょう。さらにもう二つの国宝土偶、長野県棚畑《たなばた》遺跡の「ビーナス」も、山形県西《にし》ノ前《まえ》遺跡の「東北のヴィーナス」も、月を見据える姿が表現されたと見ていいように思います。何よりも中空ではない両者の頭は、ナウマンが指摘するようにお盆状に作られており、とくに棚畑の土偶は、お盆の中に月を象徴する渦巻き模様が描かれていて、月の水を集めようとする強い意思を読み取ることができるからです。

　調査者の所見によれば、二つのヴィーナスは横向きに安置されていたとされています。しかし、これらの大形の土偶も本来は所定の場所に立てられていたのではないかと私は思うのです。また、完全な形に接合された長野県茅野市中《なか》ッ原《ぱら》遺跡の中空土偶「仮面の女神」なども、破壊した後に安置したと考えられていますが、私は、いずれの土偶についてもその出土状態の再検討が行なわれるべきではないかと思っています。

合掌土偶の行方

合掌土偶についても触れておく必要があります。合掌土偶は、青森県八戸市風張《かぜはり》遺跡の国宝土偶以外に例がありません。腕を組んだ立て膝坐《ひざずわ》りの姿勢をとる類似の土偶がいくつかありますが、これらは考古学者からは合掌土偶と同様に、縄文人の祈りや

（上）合掌土偶：青森県風張１遺跡［八戸市埋蔵文化財センター是川縄文館提供］
（下）縄文のビーナス：長野県棚畑遺跡［茅野市尖石縄文考古館提供］

儀式の際の姿勢を表わすものと解釈されています。

先に触れたように、私は、合掌土偶は月に再生（甦《よみがえ》り）を祈るために作られた土偶であると考えています。類似例としてあげられる腕組みスタイルの土偶も、合掌の形はとっていませんが、そこには、月、女性、身ごもりという再生のシンボリズムが隠されていると思うのです。

こうした再生や甦りに対する呪術宗教的な心性は、人間の根源的な心性ですから、農耕社会になっても失われることはなかったでしょう。そう考えるならば、古墳時代に作られる人物埴輪の造形の意味も考え直さなければなりません。

従来の埴輪解釈では、ときの大王《だいおう》の権力や威信や業績が重視され、またその霊を護《まも》るための古墳を飾る「荘厳具」「威信材」としての性格を考えることが重視されてきました。しかし、私は埴輪の意味を考えるとき、有力な説ではありませんが、むしろ「モガリ説」のような死者を悼《いた》み、甦りを願うタイプの祀《まつ》り説とのかかわりのほうが説得力があると思います。埴輪が置かれている古墳は、一般には被葬者のモガリ儀礼を行なう場としては相応《ふさわ》しくないと考えられていますが、たとえば群馬県綿貫観音山《わたぬきかんのんやま》古墳の「合掌埴輪」を見ると、権力や葬儀の荘厳さをイメージすることはできません。むしろ描かれた人物の柔和な表情は、モガリ埴輪に相応しい存在に思えてならないのです。つまりその意味するところは、縄文の合掌土偶以来の「再生」を願う呪術宗教的象徴なのではないでしょうか。もちろん、モガリ儀礼はあくまでもたとえであり、縄文時代にそれがあったという意味ではありません。

ここでこれ以上詳しくは触れませんが、古墳時代の埴輪には、人物だけではなく、家形・筒形埴輪にも縄文的な象徴思考が受け継がれているように思います。

3　壺を抱えた土偶

なぜ壺を抱えているのか

土偶が月の水を集める容器だと考えるとき、興味深い土偶があることに気づきます。それは、壺を抱く土偶です。長野県岡谷《おかや》市目切《めきり》遺跡の竪穴《たてあな》住居から見つかりました。割れて五つのかけらになっていましたが、故意に割られたものではないようです。〈国宝土偶展〉のカタログには次のような説明がされています。

「反り返ってやや上方をみるポーズを作っています。右手は膨らんだ腹部に置き、左手で壺を抱えています。（中略）顔面は菱形で、頭髪の生え際は沈線で半円形に描いています。頭頂部から後頭部にかけては髷を思わせる円形の髪型表現がなされています。膨らんだ腹部に手を置く例は中欧・バルカン半島の新石器時代の土偶にもみられ、妊娠や出産がその当時の主要な関心事のひとつであったと考えられています」

残念ながらこのカタログには、肝心の小脇に抱えた壺が何を意味しているのかが書かれていません。この壺を抱えた土偶についてナウマンの解説は残されていませんが、おそらくナウマンなら、まげを思わせる円形の髪型は、同じ長野県の藤内遺跡から出ている蛇がトグロを巻く土器を例に、月のシンボライズで読み解いたに違いありません。また、頭髪の生え際の沈線も三日月の象徴としての「眉月《まゆづき》」と解釈することでしょう。

壺を持つ縄文土偶は、もう一例知られています。やはり長野県の尖石遺跡から見つかったものです。頭の部分は失われていますが、目切遺跡同様に左手で壺を小脇に抱え、右手は大きなお腹の上に置かれています。概説書には「片手に壺を持ち、お腹に手をあてた土偶は、大きなお腹を抱えながらも、炊事にいそしむお母さんという感じだ。抱えている壺は、出産に備えて後産の胞衣などを入れる壺かもしれない。しゃがんだ姿である」と書かれています。しかし、その根拠は示されていません。土偶展の図録もそうですが、ただの感想や印象、想像を述べているにすぎないのです。

土偶ではありませんが、埼玉県の札之辻《ふだのつじ》遺跡からは、壺を抱えた土偶が付いた土器のかけらが見つかっています。顔の部分は残っていませんが、やはり左の腕でワキに抱えた土器がデザインされています。

月の水を乞い願う

小脇に壺を抱える土偶は、月のシンボリズムで読み解くことが可能です。右手を大きなお腹に添え、新たな生命をもたらす「月の水」を乞い願う姿は、再生信仰の象徴以外の何ものでもありません。とくに頭部のある目切遺跡の土偶では、三日月（眉月）を象徴する眉毛《まゆげ》やトグロを巻く蛇を象徴する頭髪などが見られます。また、目切遺跡の土偶も尖石遺跡の土偶もお尻《しり》のあたりに満月と三日月を象徴する「玉抱き三叉《さんさ》文《もん》」が描かれるなど、月のシンボライズにあふれています。

これらのことからあることが見えてきます。それは、縄文土器の本来の機能です。前項ですでに述べたように、縄文土器は鍋として作られたものではなく、第一義的にはあくまでも「月の水」を集めるという役割を担った祭祀道具の一つとして作られたのだと思います。

〈国宝土偶展〉の図録では、中欧やバルカン半島に同様の土偶のあることが紹介されています。そこで私が興味を持ったのは、インカ文明（一四〜一五世紀）の儀式用容器「パクチャ」です。中空の土偶の左手には壺があり、右手は二個のコップをつかんでいます。図録の解説には、「開口部からトウモロコシ酒を入れると、酒が胴体の中を通り右足の管状出口から出て地面に注ぐ仕組みである。この人物は、月の形の装飾と貝殻（ウミギクガイの一種）がついた首飾りをしている」とあります。

とくに記述されてはいませんが、「パクチャ」の写真を見て私は、パクチャに付けられた人物の衣服のすそに描かれている蛇の絵に気づきました。蛇は、月の水を運ぶ使者です。インカ帝国は農耕社会であり、太陽信仰が中心ですが、それでも、再生のシンボルとしての月の信仰があった可能性をうかがわせます。ユングの指摘した元型の一つ「グレートマザー」が、縄文土偶と同じようにこうした造形を作らせたのかも

（上）壺を持つ妊婦土偶：長野県目切遺跡［市立岡谷美術考古館提供］
（下）インカ文明の儀式用容器「パクチャ」（人形象形土器）［ペルー国立考古学人類学歴史学博物館所蔵、義井豊氏提供］

しれません。

子供を抱いた土偶

土偶には壺を抱く土偶のほかにも、あるポーズを取ったものがいくつかあります。「赤ん坊を抱く土偶」と「赤ん坊を負う土偶」もそうした土偶です。数は少ないものの、土偶の役割を考えるうえではとても重要です。

先の概説書によれば、目切遺跡の例では「横座りした母親が乳児を膝に抱いており」、尖石遺跡の例では「子供をおぶっている。見るものを微笑ましい気持ちにさせるこの二体は、日本最古の母子像で、こうした風習が、縄文時代までさかのぼることを教えてくれる」と、やはりあまり根拠のない解釈が述べられています。

私は、これらに関連する土偶として、福島県上岡《かみおか》遺跡や青森県野面平《のもてたい》遺跡の「祈りのポーズの土偶」にも注目しています。腕の中に子供がいるわけではありませんが、おそらく子供を抱いた状態がイメージされているのだと考えています。また、岩手県君成田《きみなりた》遺跡から見つかった「後ろに手を回した土偶」も、顔は失われていますが、大きなお腹が描かれています。これは身ごもりの「月の水」を乞い願う、月に向かって祈る姿が象徴的に表現されているのではないでしょうか。

ナウマンは、こうした一連のポーズをとる土偶については、「人々の精神生活における重要な側面について深い認識をもたらす。判断しうるかぎりでは、人々は祈り、はっきりと一定の祈りのポーズを取ったことを証明するものである」と述べています。

ナウマンの指摘する祈りの内容は、それは、とりもなおさず月に向かって子供の身ごもりを祈ることだったと私は思います。そうした土偶は各地で自由に作られてはいたでしょうが、ある地域や集落で考えられたいくつかのポーズが、全国に広まっていったのではないでしょうか。

4　土偶の口はなぜ円い

ポカンと開いた口の意味

土偶に見られる独特の姿形は、たとえば「ハート形土偶」とか「筒形土偶」とか「十字形土偶」などの呼び名が付けられ、いくつかに分類されてきました。しかし、土偶にはさらに多くの普遍的な特徴があります。考古学者の多くは、そのことに気づいているにもかかわらず、なぜかそれを取り上げようとはしてきませんでした。そうした特徴の一つが、ポカンと開いた口です。

土偶が作られ始めた頃、頭はありますが顔は表現されておらず、目や鼻は描かれていません。目鼻、そして眉毛や口が表現され始めるのは四五〇〇年ほど前からです。それからは、ほとんどの土偶の口がポカンと開けられているのです。

たしかに、考古学者が好んで取り上げる大きなお腹や乳房は、多くの土偶に見られる特徴で、そのせいで女神に見立てられるのでしょう。しかし、土偶の口のほとんどが円く開けられている点については誰も指摘していません。女神や精霊であれば神聖でおごそかなイメージがありますが、上を向いてポカンと口を開けた姿はお世辞にも神聖とはいえません。しかし、本当はこの特徴にも関心を向けるべきなのです。

口を開け涙を流しているように見える土偶（ミス馬高）：新潟県馬高遺跡［長岡市教育委員会所蔵］

ナウマンは、月は一切の水と湿り気を統御するというロバート・ブリフォールが提唱した世界共通の考え方に共鳴しました。「月の盆に入った液体は、かならず雨となって降り注ぐふつうの水というわけではない。それは不死の飲み物、永遠なる若返りの飲み物、（中略）月神の目や鼻、口などから侵出する涙や鼻水、唾液（中略）それらは神の分泌物であり、神のさまざまな資質を分有する液体なのである。しかも、各月末に死んでから新月の開始とともに使者の国から登場してくる神そのものの生の液汁であり、それは、〝原始的思考ではことごとく永遠の復活や不死、永遠性〟を表わす神にほかならない」と、ブリフォールの考えを引きながらナウマンは、縄文土偶に表現された月の盆に集められた水が、「生」の象徴としての水であることを力説しているのです。

さらに、カール・ヘンツェが行なった紀元前の中国青銅器の読み解きにならい、唾《だ》液《えき》には生を付与する能力があり、「生の水」を意味することも述べています。

ナウマンのいう、再生を果すための月の水の重要性が理解できれば、縄文土偶の口がなぜ長い間、しかもほとんどの地域において、ポカンと開けられ続けたのかが読み解けてきます。つまり縄文人は、人間だけでなく、自然界のすべての動植物には、月からの生きる水が大地にほとばしる場所が必要と考え、口を円く開いた状態にしたのでしょう。

月の水を象徴する涙や鼻水

月からの生の水がほとばしるのは口からだけではありません。これも考古学者は注目してきませんでしたが、土偶の目と鼻と口には、それぞれ下に向かって何条かの細い線が引かれていることがあります。ほとんどは直線ですが、ギザギザに描かれることもあります。古くからこれは、入れ墨や口髭《くちひげ》、あるいは化粧であろうと考えられてきました。しかし、ナウマンは、これを滴り落ちる涙と鼻水、唾液であると指摘しています。つまり、大地に至る月の水は唾液を通じてだけではなく、涙も鼻水からも同様に大地に至っていたのです。

涙や鼻水を描いた製品は土偶だけではありません。土版や土面と呼ばれる、これまではっきりと用途を明らかにすることのできなかった土の製品や縄文土器の文様の中にもナウマンは涙と鼻水を見つけたのです。福島県いわき市真石《まいし》貝塚から見つかった土版には鼻から三条の点線が見られますが、ナウマンの指摘するように、これは鼻水以外のなにものでもないように思います。長野県大石《おおいし》遺跡から見つかった土器からは、涙が両目からこぼれ落ちている様が容易に見て取れます。

また、福島県三貫地《さんがんじ》貝塚や愛知県川地《かわじ》貝塚の土面には、目から数条の細い線が見られますが、これも涙と見てよいでしょう。さらに面白いのは、宮城県の沼津《ぬまづ》貝塚から見つかった土面の一部です。これには大きく開けた口から六条の線が顎《あご》に向かって引かれています。唾液と見て間違いないでしょう。

こうして見ていくと、考古学ではこれまで性格がわからなかった土版や土面も、明らかに月のシンボリズムの影響を受けていることがわかります。土版や土面も特別な儀礼や祭祀の道具として位置づけるのではなく、土偶や土器と同じく「再生」を祈る祭祀という文脈の中に位置づけて考えるべきではないかと私は思います。

5　土偶のワキはなぜ甘い

もっとも古い土偶のワキ

考古学者が指摘してこなかった土偶の特徴はまだあります。それは、ワキの甘さです。「ワキが甘い」というのは、相撲からきた言葉で学術的な表現ではありませんが、私のお気に入りの表現ですのでこのまま使わせていただきます。

土偶が最初に作られてからおよそ一万年間、最後まで変化しなかった特徴の一つがおそらくこのワキの甘さではないかと思います。もっとも古い三重県粥見井尻遺跡の土偶は逆三角形でとてもシンプルですが、やはり両腕を水平に広げてワキが甘く作られています。土偶は最初からワキが甘かったのです。

有名な青森県三内丸山遺跡からは、「十字形土偶」と呼ばれる、まさに十字架のような形の板状の土偶がものすごい数で見つかっています。ほかの土偶と同じようにこれらも足の表現は心もとないものですが、上半身における「十の字」の横のラインが、水平に広げた両腕を表わしていることはすぐに理解できます。また、これまで何度か登場した北海道函館市の国宝中空土偶（カックウ）も、腕は失われていますがそのワキの甘さは腕の跡から容易に想像ができます。

東北地方を中心とする二五〇〇年ほど前の亀ヶ岡《かめがおか》文化の「遮光器土偶」は、力士を思い起こさせるような安定感のある両足と、いかつい腕が力強く立体的に表現されています。しかし、ここでも腕の表現はワキが甘いのです。

こうした土偶のワキの甘さに目を付けたのもネリー・ナウマンでした。ナウマンは、世界の神話モチーフでは、ワキは闇を象徴すると同時に、「月の光を秘匿する」というカール・ヘンツェの説にならい、新月と満月を「闇と光」になぞらえてこの謎を見事に解き明かしました。

ナウマンが気づいたワキの意味

ナウマンがワキの甘さに気づいたきっかけは縄文土器でした。たとえば、神奈川県林王子《はやしおうじ》遺跡の「有孔鍔付土器」と呼ばれる奇妙な形の壺には、女性の像がレリーフで付けられています。顔面を囲むように帽子のような装飾があり、その上には双環の貼り付けが見られます。女性の腕は高く上げられ、その指は三本指です。そして、女性像のワキの下には三条の短い線が平行して引かれています。

一方、石川県上山田《かみやまだ》遺跡の小形土器に描かれた図像も興味深い例です。円い頭部の子供のような姿形のレリーフですが、ここにも、やや上の方に上げられた両腕のワキの下のところに、太いタッチで円環が描かれているのです。ワキの下のこうした線や双環が何を表わしているのか、ナウマンは、「そうしたモチーフの発現と——円や円環、目、口、顔などが人間や蛙様の動物において関節上や腕の下に現われる——そうした特性が太平洋両岸地域に分布する」ことを明らかにしたカール・シュスターの研究が重要だと考えました。そしてさらに、カール・ヘンツェの「円や目などが〝光〟すなわち太陽や月などの天体を表わしていることで——疑いなく太古の神話モチーフによれば——それを所有する神が腋窩に秘匿していたものだ」という解釈を縄文土器にあてはめたのです。

つまり、林王子遺跡の三条の線も、上山田遺跡の円環も、ワキの下に描かれた意味が、闇から現われる三日月や満月といった月の光に見立てて描いたものであろうと考えたのです。縄文人は、死をイメージする晦日月《みそかづき》から新月、そして二日月に至る三日間の闇の世界を、光のあたらない「ワキ」になぞらえ、その恐ろしい闇を逃れるために腕を上げて光を求めたのであろうということです。実に説得力のある考えだと思います。

ナウマンの縄文土器に描かれたワキにまつわる造形についての分析から見えてきた

のが、土偶のワキの甘さという特徴なのです。縄文人は再生を乞い願う心性を土偶の造形に託したわけですが、そこには月のシンボリズムが強く作用して、月の光をワキの解放によって表現し、けっして死をイメージする闇を作り出さなかったのだと解釈できます。

それにしても、私が知るかぎり、ワキをきちんと閉めた土偶は一例を除いてないような気がします。唯一例外と思える土偶は、腕を後ろに組んだ岩手県君成田遺跡の土偶でしょうか。縄文人にとって死をイメージする闇がいかに避けられていたのか、その思いが伝わってくるようです。

三本指の土偶の意味

ところで、月は土偶や土器にさまざまなモチーフとして描かれています。「三本指」もその一つで、山梨県鋳物師屋《いもじや》遺跡の中空土偶が有名です。先に紹介した林王子遺跡の壺に描かれたモチーフも、じつは三本指です。

鋳物師屋遺跡の土偶を見てみましょう。円錐形の体部には乳房とヘソ、股間を示す表現が見られます。渦巻き状のヘソから喉《のど》に向かって一直線に引かれた点列のある太い粘土紐が特徴的です。顔は太い眉とアーモンド形の目、円く開いた口が描かれ、目からは細かな刺突線が三本引かれています。この土偶に特徴的なのは何といっても三本指の描かれた腕でしょう。左手はお腹に、右腕は腰にあてられています。あまり注目されない特徴としては、腰の両側に空けられた円形の孔《あな》と、肩と腕の関節部に付けられた小さなコブがあります。

三本指の造形はほかにも存在することから、そのこと自体は知られていますが、しかし誰も解釈を加えようとはしていません。ナウマンの発言に耳を傾けてみたいと思います。

第I章ですでに引用しましたが、「〝三〟が陰暦では重要な数であることは承知されている。月が死んで他界に宿る三日間というのが決定的であったにちがいない。この三日間をすぎてから、月は再生と若返りを果したのちに、ふたたび闇から出現する。三本指の手は、三日間の闇夜を表わすと思われ、その後に新月が新たな生に向けて姿を現す。それは、旧世界や環太平洋地域および先コロンブス期のアメリカのあらゆる場所にみられる象徴である」と、ナウマンは〝三〟という数字を明快に読み解いています。

さらにナウマンは、三本指が人をシンボライズしているのではなく、月にゆかりのある何らかの動物を象徴しているのではないかと考え、先に紹介したブリフォールの「よく神話で蟇ばかりか龍にも成り変われる蛙は、水と月を表わす普遍的な象徴である」という指摘を踏まえて、世界中の器の造形の中に蛙が月の象徴として登場していることを強く主張しています。縄文土器や土偶の「蛙」をそれほど積極的には指摘していないのがちょっと気にはなりますが、これについては、ナウマンと親交のあった長野の田中基氏から話を聞くことができました。ナウマンの調査した時点では、蛙と特定できるよい資料が少なかったからで、現在は多くの土器に蛙とわかる造形を見出せるということです。

ところで、鋳物師屋遺跡の中空土偶については、考古学者の解釈も気になるところです。一般的な解釈としては「妊娠した女性精霊、顔に入れ墨状の文様、女性器が表現」とか、「焼成によるひび割れを防止するための腰の貫通孔」といったように概説書などには書かれています。しかし「妊娠した女性精霊」はまったく意味不明で、実態として何であるのか想像もできません。入れ墨についてはナウマンの解釈が妥当と思われますし、腰の貫通孔も腕や肩のコブと同様に、カール・シュスターの指摘した関節部への月のシンボライズとして解釈できるのではないかと思います。

6　土偶のカラダはなぜ空か

遮光器土偶に代表される中空土偶

中空土偶は古くから知られていました。有名なのは、縄文時代の終わり頃に東北地方を中心に盛んに作られた「遮光器土偶」です。大きな目といかつい体つきが特徴です。北海道から近畿《きんき》地方にまで広がりを持って作られましたが、〝本場〟の東北地方を離れるに従い、かっこよさが薄らいでいくようです。遮光器土偶は、なんといっても顔全体に大きく描かれる目に特徴がありますが、これが何を象徴しているのかは、残念ながら未《いま》だ明らかになってはいません。「遮光器」というのはあくまでもたとえの話です。

中空土偶は、時代的には五〇〇〇年ほど前から登場します。東京都楢原《ならはら》遺跡や先に紹介した山梨県鋳物師屋遺跡などから出土した初期の中空土偶は、中に鳴子が入れられた「土鈴」として使われた可能性があると主張する学者もいます。

中空土偶が一般化してくるのは四〇〇〇年ほど前以降で、非常に特徴的な「筒形土偶」と呼ばれる形が出てくるのもこの頃からです。筒形土偶は、筒形や徳利形の胴部に、ほかの土偶よりも上向きに作られた頭部が載せられた土偶です。乳房やヘソは表現されていますが、腕や足が表現されることはないようです。

一方で、この時期には大型の中空土偶も登場します。その典型が、前にも紹介した北海道函館市著保内野遺跡から見つかった「カックウ」の愛称で呼ばれる中空土偶です。土偶は、あまり完全な形で出てくることがありませんが、この土偶はほぼ完全な形で見つかりました。中空土偶としては最大（高さ四一・五センチ）で、造形的にも優れており、縄文人の精神性を読み解くうえで欠かせない資料ということで国宝に指定されました。北海道では唯一の国宝です。

さて、この中空土偶ですが、古くから知られていたわりには、形や模様の意味がじつのところあまりよくわかっていません。たとえば、「なぜ中空に作ったのか」という基本的な疑問にも明快な答えは出されていないのです。最初期の中空土偶は土鈴の役割があったというのが考古学者の解釈ですが、あまり説得力はありません。これに関してはナウマンも触れてはいません。そこで私の考えを紹介させていただくことにします。

もともと土偶は、最初から人間の、それも女性をモチーフとして作られたことは多くの考古学者の指摘するところです。性を超越した「精霊」とする解釈もありますが、そうだったとしても人の姿形がモチーフになっています。

縄文人は、なぜ人の形を作らなければならなかったのでしょう。とにかく一万年もの間コンテンツを変えなかったのですから、相当に重要で深い意味があったのだと思います。とすれば、それは多分に精神的、つまり呪術的であり宗教的な理由であろうことが想像できるのです。

ミルチャ・エリアーデやナウマンが指摘したように、それは、彼らが月の運行に人間の「死と再生」をなぞらえていたからです。縄文人が再生のためにもっとも渇望したのは「月の光」です。その生の源＝「月の水」を授かるための祭祀的道具として、身ごもる姿の女性像である土偶を作ったのではないでしょうか。しかし、縄文文化の始原期（およそ一万三〇〇〇年前）には土偶の中をくり抜いて、そこに「月の水」を集めようとまでは考えなかったようです。技術的にもそれは難しいことだったのかもしれません。彼らが当初、月の水を集めるための祭祀的容器として発案したのは縄文土器だった可能性も視野に入れておく必要があります。

それが、五〇〇〇年ほど前の関東地方や中部山岳地帯において、本格的な中空土偶が作られるようになり、東北地方や北海道にも広まっていったのではないでしょうか。まさに、函館の「カックウ」も、そうした歴史的経緯の中で生み出された中空土偶なのだと私は考えています。

中が空なのは水をためるため

中空土偶が月の水を集めるための容器であることを示すために、いくつかの資料について検討しておきます。まずは、東京都田端東《たばたひがし》遺跡と宮城県蔵王町《ざおうまち》下別当《げべっとう》遺跡から見つかった土偶の顔を見てみます。この顔はおそらく誰が見ても、函館のカックウの顔と瓜《うり》二つだということがわかります。

田端東遺跡の土偶は、頭（顔）の部分だけが見つかっています。小形のストーンサークルの近くから発見されたことで、お墓との関係が考えられているようです。中空に作られていますが、私がもっとも注目したのは頭部にある二つの突起です。これは煙突のようなもので、中空の体へとつながっているのです。

もう一点の下別当遺跡の土偶も頭部だけです。函館市縄文文化交流センターの阿部《あべ》千春《ちはる》氏によれば、この頭部は「双口注口」か「下部単項土器」に付いていた可能性が強いということです。片側が欠損していますが、田端東遺跡同様に、筒型突起が付いていたと見ていいようです。じつは上から見ると、著保内野遺跡の中空土偶にもこうした二つの筒形突起が付いていたことがわかります。欠損の痕跡があるからです。つまりは、この頃から中空土偶は、何かを入れる容器として作られたことが読み取れるのです。単に死者と共にお墓に埋めたり、信仰的に「壊すため」に作られたのではないのだと思います。

では何のために作られたのかというと、それはいうまでもなく土偶とは月の水を入れる祭祀道具の一つとして作られたものですから、例にあげた筒形の突起は、月の水の受け口として祭祀的意味を持っているのだと考えることができます。「月の水」を溜めたいと願う気持ちが、困難な技術を駆使してまでも、土偶を中空にさせたのです。しかも、受け口まで付けてです。

土偶づくりの最終ステージに登場するのは、誰もが知っている遮光器土偶です。中空に作られたこの土偶の頭を見てみると、そのすべてに二個あるいは四個の穴が開いていることがわかります。著保内野遺跡や田端東遺跡の中空土偶の伝統が、この土偶にも引き継がれていることが読み取れます。以前のような筒形の突起はなくなりまし

（上）中空土偶：北海道著保内野遺跡［函館市教育委員会提供］
（下）中空土偶の頭部：東京都田端東遺跡［町田市教育委員会提供］

たが、ただの穴に変化しながらも「月の水」の受け口の役割を担っているのです。

こうして、縄文人の土偶づくりは、究極の「月の水溜容器」として完成を見るのだといえましょう。さらに興味深いのは、この後、関東地方や東北地方の南部においてこの「月の水溜容器」としての伝統が受け継がれてゆくことです。ここでは触れませんが、弥生時代の「土偶形容器」や古墳時代の「人物埴輪」にそうした証拠を見つけることができます。

7　動物形土製品も土偶では

動物形は何を意味する

北海道には人形の土偶以外にも注目すべき出土品があります。それは千歳《ちとせ》市美々《びび》4遺跡から発見された「動物形土製品」です。一九七六年に発掘されたこの土製品は、後に何を表現したものかで大いに議論されましたが、結局わからないまま重要文化財に指定されました。ちなみにこれを発掘したのは私でした。

この製品が何を表現しているかは、いまだに諸説紛々としています。トドやアザラ

動物型土製品：北海道美々4遺跡［北海道埋蔵文化財センター提供］

シ、オットセイなどの海獣説、立ち上がった熊説、ガン・カモなどの水鳥説、「亀形土製品」の仲間説、そして「空想上の動物」説まで、じつにいろいろです。用途についても、香炉説や笛などの楽器説がありますが、いずれも確定していません。

北海道大学の小杉康《こすぎやすし》はこうした現状を打開すべく、アシカやアザラシ科の海獣類の狩猟にかかわる「狩猟儀礼説」を提起しました（『縄文のマツリ』）。小杉によれば、正面や背面に開けられた孔は、儀礼の際に銛《もり》を打ち込むために使われたといいます。したがって「ヒレ」の間にある孔を上にして横たえて置くのが正しい置き方であるというのです。実際に、そのように置かれている展覧会もあります。たしかに横から見ると海獣に見えます。

動物形もじつは人の姿

しかし、月のシンボリズムから判断する私は、躊躇《ちゅうちょ》なくこれが土偶、つまり人の姿であると考えました。当然「ヒレ」とされる両側の突起の間にある孔の面を前にして、立たせた姿に置いてもらわなければなりません。人として認識しづらいのは、レトリックが使われ、口や目がいちじるしく誇張されているからなのです。細かく見ると、正面の円い孔は人の口を表現したものであることがわかります。また、円い口の上には、大きな目が磨《す》り消し縄文と三叉文の組み合わせによって「遮光器」風に描かれていることも理解できると思います。そして、口の両側には五本の指を表現した腕が付けられているのです。腕の表現も、土偶の造形にあたってはとても重要で、基本的に土偶のワキが甘いことはすでに述べました。

この動物形土製品は足の表現もしっかりとしています。指まで描かれていて、足の付け根には逆三角形に股間も表現されています。そして、何よりも重要なのが中空であることです。こうした特徴を総合すると、これも月をシンボライズした土偶以外の何ものでもないことが理解できるのです。だとしたら、これもやはり「月の水瑠容器」として作られたものでしょう。

動物形土製品は、全国に類似の製品も少なからず分布することがわかっています。レトリックによりデフォルメされているために解読しにくいものもありますが、基本的には土偶の一つとして位置づけてよいのではないかと思います。

8 結論——土偶は月の象徴

私が土偶に興味を持っていろいろと調べ始めてから、じつはまだ何年も経っていません。しかし、これまでの学者とは異なる土偶解釈の視座を持ったことで、私自身が疑問に思ってきたいくつもの謎に一応の答えを与えることができました。もちろん、ネリー・ナウマンの視座のおかげです。

一番大きな謎であった、土偶があのように奇妙奇天烈な姿形をしている理由についても答えを導き出しました。これまで誰も気づかなかった「ワキの甘さ」の疑問にも答えを出しました。

答えが出せた理由は、一言でいうなら、縄文人の心の中核をなしているというユングの「元型」の一つ「グレートマザー」に基づく「死と再生」というイメージから生まれる「象徴」（シンボル）を読み解きの視座としたからです。縄文人は、自然を理解するためにさまざまな象徴を作り出したわけですが、なかでも死の現実から逃れ再生を確実にするために、月や蛇のような「死なないもの」への信仰を深めていったのでしょう。ですから、彼らの象徴は、エリアーデの指摘するように、きわめて呪術宗教的な色彩を帯びたものになったのは当然のことだと思います。

これまでの土偶研究は、こうした縄文人の心性に迫ることができなかったために、現代の仏教思想や合理的な考え方で読み解こうとしてきました。女神や精霊、守護神、地母神、妖精《ようせい》などを持ち出したところで、なぜあのような奇妙奇天烈で摩訶《まか》不思議な造形なのか理解することはできなかったのです。私のつたない読み解きによれば、土偶は、再生信仰と深く結びついた月のシンボリズム、つまり死を乗り越えるために再生を乞い願う心性が、再生を象徴するものにすがろうとする、そうした心の動きによって作り出されたと理解できます。ですから、土偶には、月の諸相（新月から三日月、そして満月まで）はもちろんのこと、月と同じ性格（生理周期）を持った女性や月の水を運ぶ蛇や蛙など、月に関係する象徴が散りばめられているのです。

小川基さんの切り絵作品［ホームページより］

そして縄文土器と同様に、象徴を具体的に図像として表現するときには、「レトリック」という表現手法を駆使します。誇張や隠喩《いんゆ》です。ただし、レトリックは誰でも使える手法だからといって、勝手気ままに表現するのではなく、一定の約束事があるように思えます。それは、彼らの世界観がしっかりとあるからだともいえるでしょう。縄文人が月や女性や蛇や蛙を表現するとき、図像としてパターン化する傾向が見られます。土器や土偶をよく観察してみるとそれがわかります。円とか渦巻きとか、波形とか山形、三角、菱形などです。そしてさらに調べていくと、「隣り合う図像にも必ず関連し合うような意味を持たせること」、「そのために、隣り合う図像は極力接して離さないこと」、「図像の施文道具（縄や貝殻）にも意味を持たせること」などの約束ごとがわかってきます。

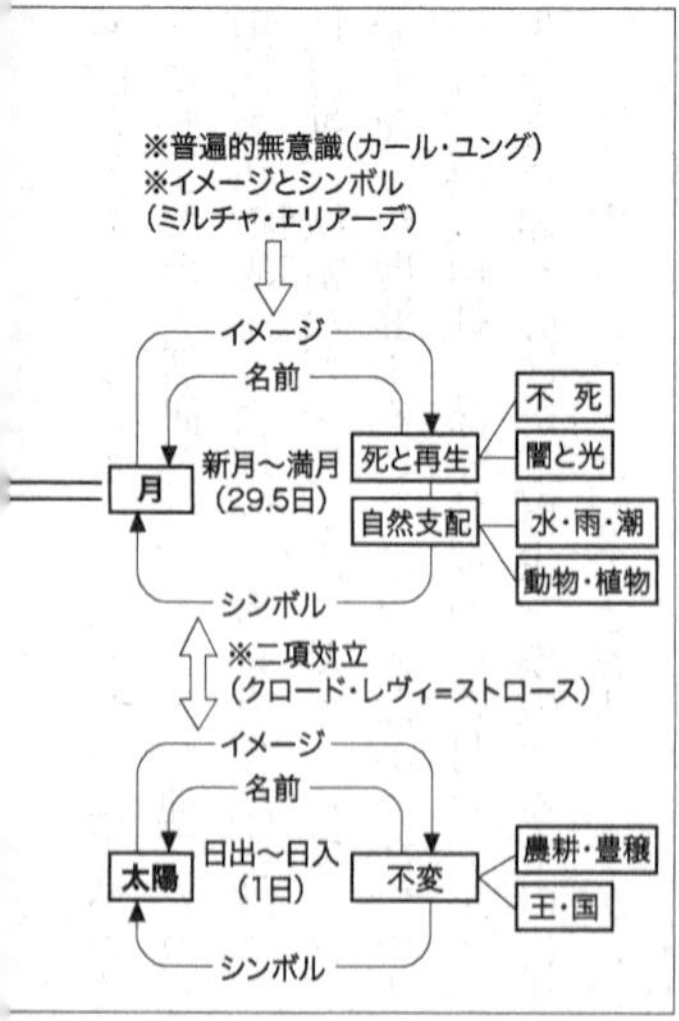

つまり、こうした約束ごとを理解できると、私たち現代人にもパターン化した彼らの表現意図を読み解くことができるのです。まさに「土器型式」と私たちが呼んでいるものがそれなのです。

私がこのことに気づいたきっかけは、じつはアイヌ民族の小《お》川基《がわもとい》さんの話からでした。小川

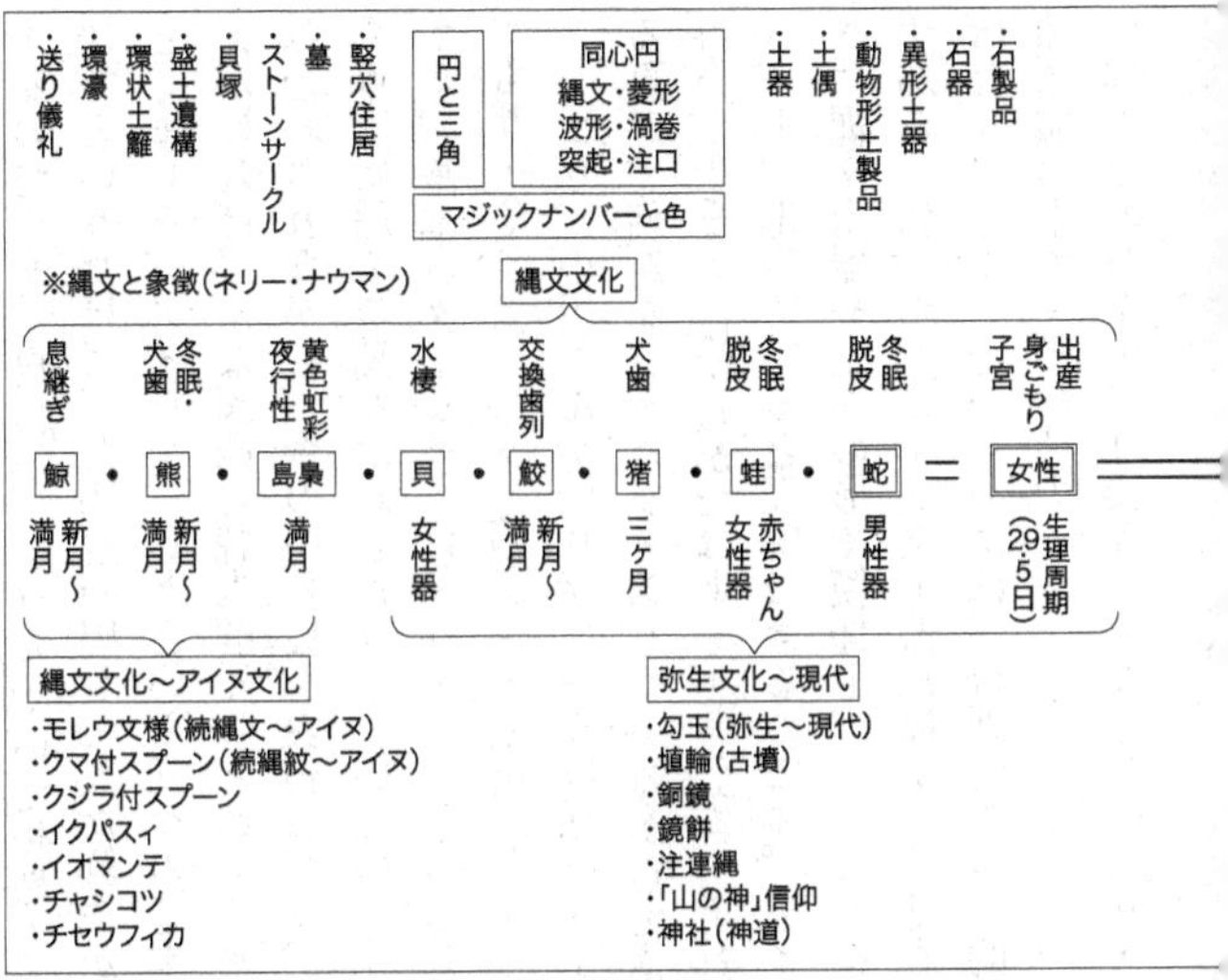

縄文の神話的世界観の概念図（大島・佐藤亜美氏作成）

さんは、アイヌ紋様を切り絵で紹介している作家であり、民族楽器トンコリの演奏者です。小川さんによれば、モレウ（静かに回る）、アイウシ（トゲのある）、シク（トゲ、木の芽、目）というアイヌ紋様の基本パターンを描くとき、「アイヌ紋様は人と同じく生きている。紋様には、イラカリ（血管）が入り流れるように生きている」ため、それぞれの紋様が繋がるように広がっていかなければならないというのです。

　小川さんの描くアイヌ紋様は、意味のある三つの基本パターンをさまざまに組み合わせて展開するのですが、自ら「シンプルでいて想像力を掻き立てる、引き込まれるような紋様」というだけに、ため息の出るような鮮やかな図像が生まれます。それをよく見ると、モレウ、アイウシ、シクという三つの基本パターンが繋がり合っていて、時間さえかければどんな図像も読み解くことができます。モレウ紋様がシクやアイウシと組み合わされながら、森の中の梟《ふくろう》を表わしたり、川の流れや渦を表わしたり、木漏れ日や木々に絡まる蔦《つた》を表わしたりしていくのです。そうした紋様がどんなに重なりあっても、基本パターンさえ見つけることができれば、小川さんの意図（神話的世界観とでも呼ぶべきもの）を読み解くことが可能です。

つまり、小川さんが切り絵に使う紋様パターンは、梟や、川の流れや、木々に絡まる蔦が、何かをシンボライズしているからであり（縄文人と同じように、それが「死と再生」かどうかは明らかではありませんが）、それを表現する際にはレトリックを使ってパターン化していると理解できるのです。アイヌ紋様に写実はありません。私は、まさに縄文土器や土偶の形や模様も、このようにして生まれるのだと実感しました。ですから、私たちもまず縄文土器に描かれる基本パターンとその意味を読み解かなければなりません。そのためには、合理的で科学的な思考方法を極力排除し、縄文人の自然認識の中で（それはイメージとシンボルによってなされる）、何を図像の基本パターンに選んだのかをまずは突きとめなければなりません。

とりあえず、本書を書いている時点で私にわかったのは、月や女性、蛇（男性）、蛙、猪、貝、鮫《さめ》、熊、梟、鯨といった動物、緑という色、三、四、五、六などの数がパターン化（シンボライズ）されているということです。これらは、すべて「死と再生」のシンボルとして意味のある存在であり、だからこそ、レトリックを使ってパターン化され、土器や土偶などに生き生きと描かれているのです。

第三節　石斧の色はなぜ緑なのか

1　矢じりとナイフの形の意味

石で作られた矢じり

石で作られた矢じりを考古学者は「石鏃《せきぞく》」と呼びます。もちろん、石鏃はそれだけでは何の役にも立たないわけで、それに矢柄を付けて矢として使います。矢じりは、弓と組み合わされてはじめて狩りの道具となるわけです。

ところで、矢じりの「じり」は、漢字では「尻」と書きますが、古い言い方では「矢の根」とか、ただ単に「根」と呼びます（『広辞苑』）。歌舞伎十八番の演目にもなっている矢の根ですが、なぜ矢の先に付けるのに根や尻というのでしょうか。「尻」

には「端」という意味もあり、また矢筒に入れたときに下になるから、という説もあるそうです。また、「矢先」という言い方が平安中期の辞書『和名抄』に載っていますが、一般的な名称にはなっていないようです。

これはまったくの想像ですが、古い言葉ですから案外縄文時代からの意味が伝わっているのかもしれません。つまり、矢じりや矢の根という語感には武器や狩猟具としての緊張感がありません。逆に、矢の先を尻や根に見立てて、動物を射ることは自分を射ることと同じだという「対称性の思考」(『対称性の人類学』)が見え隠れするのです。弓矢は、誰もが狩猟具だと思っていますが、第一義的にはまず祭祀具として作られたことも疑ってみる必要があるのではないでしょうか。神社には、現在もやたらと弓矢にかかわる神事が遺《のこ》っているからです。ちなみに英語では arrowhead ですから、日本とは逆の発想の呼び方です。

石槍から弓と矢へ

この弓と矢は、今から一万三〇〇〇年ほど前、土器と共に世界に先駆けて日本列島の「旧石器人」が発明したものです。そこで日本の考古学者は、この偉大なる発明者を旧石器人ではなく「縄文人」と呼ぶことにしたのです。縄文時代、縄文文化の始まりです。

それから約一万年間、縄文人は日本列島のすみずみでこの道具を使い、猪や鹿を捕ったと考えられています。不思議なことに、それまで旧石器人が使っていた石槍《いしやり》は姿を潜めます。槍と思われるそれらしい形の石器はありますが、どうやらナイフとして使ったようで、狩りの道具はもっぱら弓矢ということになったようです。なぜそうなったのか。残念ながら答えはよくわかりません。よくいわれるのは大形動物が絶滅し、素早くて、しかも森の木立の中に暮らす猪や鹿には、槍は長すぎて使い勝手が悪いため小回りのきく弓矢が発明されたという説です。たしかにそうなのかもしれません。

矢じりの二つのタイプ

ここでは矢の先の矢じりについて、なぜあのような形にしたのかを考えてみたいと思います。矢じりの形は、縄文時代の一万年間、その形や大きさにほとんど変化がありません。基本的には三角形のタイプと、「なかご」という矢柄に付ける部分が尖っているタイプ（これには「柳葉形」のタイプも含める）の二種類しかないのです。三角形のタイプは、矢柄に挟んで使い、なかごを持つタイプは矢柄に差し込んで使ったのでしょう。

私は、この二種類の「形」に縄文人のこだわりのようなものを感じます。つまり、狩猟の効率を考えながら作ったとしたら、二つのタイプがもっと時期や地域によって混在していてもいいように思うのですが、実際には二種類のタイプが時期や地域によって大きくどちらかに偏る傾向にあるのです。

手元の北海道の資料で両タイプの混在状態を見てみると、たとえば八〇〇〇年ほど前の帯広《おびひろ》市大正《たいしょう》8遺跡の場合は、三角形タイプのほうが少し多いようです。ところが、五〇〇〇年前の泊《とまり》村茶津《ちゃつ》貝塚では九割以上が、三五〇〇年前の小樽《おたる》市忍路《おしょろ》土場《どば》遺跡でもやはり九割以上がなかごタイプです。同じ頃の函館市垣《かき》ノ島《しま》A遺跡では、ほぼ一〇〇パーセントがなかごタイプです。

時期や地域にもよりますが、お墓の中にたくさんの道具を供え物として入れるということでは、北海道の縄文人は突出しているかもしれません。なかでも釧路《くしろ》市幣舞《ぬさまい》遺跡の縄文時代最終末の遺跡で見つかったお墓には、たくさんの供え物が入れられていました。その第五十八号墓には三人が埋葬されていましたが、一二八本もの矢じりが一緒に埋められており、そのうちの一〇本だけが三角形タイプで、ほかはなかごタイプでした。

もっとすごいのは旭川《あさひかわ》の例です。東神楽《ひがしかぐら》町の沢田《さわだ》の沢《さわ》遺跡の第十九号墓からは、一三七本の

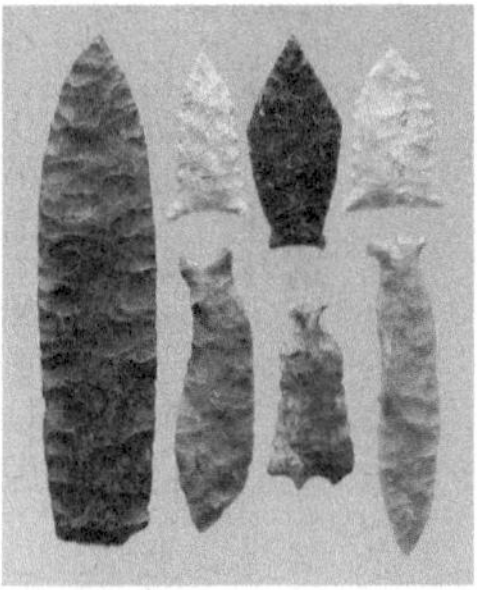

墓に入れられたナイフ：北海道垣ノ島遺跡［函館市教育委員会提供］

矢じりが出てきました。しかしこの遺跡で出た矢じりはほとんどが三角形タイプで、なかごタイプは五点だけでした。

北海道でもっとも古い土器が出土した一万二〇〇〇年前の帯広市大正3遺跡には、尖頭器《せんとうき》と呼ばれる矢じりによく似た石器しかなく、矢じりが出回るのはその後になります。古い遺跡になかごタイプがよく出てくるのは、旧石器時代の槍の名残なのかもしれない、と今のところ私は考えています。

矢じりのシンボリズム

しかし、縄文人のものづくりは土器や土偶に見られるように独特のシンボリズムという意識から生まれています。矢じりの形もそうなのではないでしょうか。三角形となかごもしくは柳葉形の二つのタイプが考えられた背景には、私は間違いなくこのシンボリズムという心性が働いていたのだと思います。彼らは、自然の中の何かをシンボライズし矢じりの二つの形を作り出したのでしょう。

「月のシンボリズム」がここにおいても機能しているとすれば、おそらく、矢じりのうち三角形タイプは鮫の歯がシンボライズされたもので、なかご・柳葉形タイプは猪や熊、犬、狐、さらには狼の犬歯が月に見立てられていると思います。鮫の歯は、交換歯列によって生涯失われることがなく、死と再生を繰り返す月の運行と関連づけられ、動物の犬歯は三日月の象徴と考えられるからです。

釧路市幣舞遺跡の墓に、多くの矢じりを惜しげもなく入れたのも、矢じりが鮫の歯や動物の犬歯が宿している再生の意味を持つからでしょう。死者が再生することを願っているからこそ、これらを死者の墓に添えるのであって、よくいわれているように死者をしのんだり功績を讃《たた》えたりしているのではないと私は考えています。死者の功績を讃えたり死んでも威信を誇示させようとするのは、現代人の心情ではないでしょうか。

幣舞遺跡の第八十九号墓には、猪の牙《きば》や貝で作られた腕輪、そして貝製の玉が遺体と共にたくさん入れられていました。これも石鏃同様に、猪や貝が月のシンボルとして再生に深くかかわっているからだと思われます。

石で作られたナイフ

一方、石のナイフについてはどうでしょうか。縄文のナイフは、「石匙《せきひ》」あるいは「石ヒ」と呼ばれています。最近は「つまみ付きナイフ」という言い方が一般的で、私もこの呼び名を使います。

つまみ付きナイフは、縄文時代のはじめから終わりまで、どの地方においても継続して作られます。矢じりと同様その形は二種類あって、大きく横型の西日本、縦型の東日本というように分布が偏っています。ただし矢じりと違ってその分布にはほとんど混在はありません。私は北海道に住んでいますので、縦型のつまみ付きナイフを見慣れています。横型のナイフはきわめて稀にしか出てきませんから馴染《なじ》みがありません。それくらい分布の偏りがはっきりしているのです。

つまみ付きナイフは「つまみ付き」と呼ばれるくらいですから、横型も縦形も「つまみ」が一つの特徴になっています。横型では、ほぼ三角形に形が整えられ、中心につまみを作る場合と片側に寄せて作る場合の二種類があります。縦型も細かく見ればいくつかに分類できますが、基本的には細長い素材の一端につまみを作り出します。

縦型ナイフについては面白いことに気づきました。それは、縦型ナイフのつまみがナイフ本体の長軸に対して水平に作られていないということです。多くの場合、つまみ部分は本体の長軸に対してどちらかに傾きます。たとえば写真や図ではつまみ部分が水平になるようにして置かれていますので、結局、本体がどちらかに傾くことになるのです。そこで、あらためて「つまみ」がいったいどのような役割を果たしているのか考えてみました。

もちろん多くの考古学者は、つまみが何かの作業に必要だから付けられたのだと、機能的な側面から考えます。たとえば、この部分を革紐などでしばれば腰に下げて歩くのに便利だからと考えます。しかし、なかにはクビレのほとんどないつまみもあります。これでは革紐でしばることができません。

このように考えてみると、じつは、つまみは実用性に乏しいもののような気がします。ナイフのつまみは、その道具の作業上の機能とは何ら関係のない、いわば装飾的な機能として付けられているように思われるのです。

函館垣ノ島遺跡のつまみ付きナイフ

そこで参考になるのが、やはり北海道の例ですが、函館市南茅部《みなみかやべ》地区の史跡垣ノ島遺跡から出土したつまみ付きナイフです。

垣ノ島遺跡は、三五〇〇年前の竪穴住居がたくさん見つかった遺跡です。立石のある囲炉裏や祭祀的な印象の強いさまざまな出土品が話題を呼びましたが、この遺跡が注目される理由はほかにもありました。それは、六五〇〇年ほど前のお墓と考えられている大きな穴から出てきた「足形付土版」です。足形付土版は一〇点あり、遺跡全体では一七点あったそうです。土版の大きさは長さが一五センチ、幅が一〇センチくらいの小判形で、その大きな特徴は子供の足形が押し付けられていることです。「土版」は全国的に見られるものですが、足形を付けたものは北海道にほぼ限られるようで、時期的にも六五〇〇年ほど前の時期に限られています。それにしても、一つのお墓からこれほどまとまって出てきた例はありません。

（上）つまみ付きナイフと足形付き土版：北海道垣ノ島遺跡［函館市教育委員会提供］
（下）尖頭器と足形付き土版：北海道垣ノ島遺跡［函館市教育委員会提供］

しかし、私が注目したのはこの土版ではありません。関心を引いたのは、むしろ土版とともに置かれていたつまみ付きナイフでした。この足形土版には、つまみ付きナイフが添えられていたのです。もしかするとつまみ付きナイフに土版が添えられていたのかもしれませんが、一応ここでは土版を主軸として考えておくことにします。

垣ノ島遺跡における土版は、いくつかにまとめられてお墓の四隅に置かれていました。そのまとまりには必ずつまみ付きナイフが添えられていて、ナイフをよく見るとそれらは非常に特徴的な形であることに気づきます。

たとえば一三一ページ写真上段右の三点のナイフは、一三六ページ下写真の土版のそばから出たものです。調査者は「尖頭器」として尖った部分を上にしていますが、私はつまみ付きナイフだと思います。試しに逆さまに見てください。その形からは、梟がイメージできると思います。梟は、その目の色（黄色い虹彩《こうさい》）から満月に見立てられても不思議ではありません。北海道のシマフクロウはとくに虹彩の黄色が際立っています。まさに「死と再生」をシンボライズするに十分過ぎるほどの存在であったに違いありません。つまり、これも月のシンボリズムで読み解くことができるのです。

ところで、同じつまみ付きナイフでも、西日本に盛んな横型のつまみ付きナイフが何をシンボライズしたものかは、今のところ判断できないでいます。西日本に棲《す》む動物だけで判断する必要はありませんが、「何に見えるか」という発想ではなく、あくまでも月のシンボリズムを念頭に置きながら考えなければなりません。いずれ答えが引き出されるものと期待しています。みなさんも、ぜひ考えてみてください。その際、彼らがレトリックを使って表現していることを意識するのがコツです。

2 磨り石と石皿の形の意味

縄文人に欠かせない道具

磨《す》り石や石皿も、矢じりやナイフ同様に、縄文人には欠かせない道具です。地域的には沖縄から北海道まで、時代的には縄文時代を通して作られ続けました。最近では、旧石器時代から使われていたこともわかってきています。

研究も盛んに行なわれてきました。まずは形の分類、そして機能の研究です。ここでは、興味深いいくつかの研究を参考にしていきましょう。まず磨り石を見ていきます。

磨り石は、片手に持てるくらいの円い河原石の片面あるいは両面が磨り減っているものが一般的ですが、地域や時代によってさまざまなバリエーションがあるようです。磨り減っているのは、石皿の上で木の実などを磨り潰《つぶ》したからだとされています。

本当に磨り石なのかと疑いたくなるようなものもあります。東北北部から北海道南西部の地域に広まった円筒土器文化の時代（六〇〇〇～四〇〇〇年前）に大量に作られた磨り石は、形が変わっています。「半円状扁平《へんぺい》打製石器」とか「半月状特殊磨石」

などと呼ばれていますが、まさにその名のとおり、形が半月状で作業面がどれも一センチ以内と極端に狭く、いったい何を磨るために作ったのか、いまだに明らかになっていません。

北海道式石冠：北海道北黄金貝塚
[伊達市噴火湾文化研究所提供]

不思議な北海道式石冠

さらに不思議な磨り石があります。同じ頃、ほとんど北海道でのみ作られた「北海道式石冠」と呼ばれる磨り石です。大きな安山岩をくだき、石でコツコツとたたきながら奇妙な形に仕上げています。「重ね餅《もち》のよう」と表現した学者がいましたが、楕円《だえん》形のなんとも説明に窮する形です。合理的に考えれば、下の面が作業面だということがわかりますから、上の小さな「餅」は持ち手とも考えられます。しかし、この磨り石はとても重くて片手では持てません。ゆうに二キロを超えるものも少なくありません。

この北海道式石冠というのは、もともと本州の縄文遺跡から出てくる「石冠」という祭祀的な性格の道具に形が似ていることからその名前が付けられたようです。これまでは、それらの機能というか性格の共通性にまで触れた人はいませんでしたが、最近、群馬県の能登健は両者の共通性を指摘しています（『縄文時代』）。

能登は、まず縄文の石棒や調理道具の石皿などに小さな凹《へこ》み穴が付けられることに着目し、「凹み穴を付けるという行為が生への祈りにかかわる呪術行為になっていたのであろう」と考えました。そして、それが男性を象徴する石棒にも付けられるということは、「この凹み穴が生への祈りとして女性マークに転化していたと考えてもよさそうである」と述べ、そうだとすれば、「石棒と凹み穴は男と女の象徴として、それが合体したものと考えるのが自然だろう」として、いわゆる「両性具有の世界観」の存在を主張したのです。とても興味深い解釈です。

つまり能登は、縄文遺物のさまざまなものにこの両性具有が見られるが、北海道式石冠の一部に見られる側面の円い凹みもその一つであると指摘したのです。円形が女性を象徴するということですが、おそらくは女性器をイメージしたということでしょうか。

しかし残念ながら、ここに私が期待する月のシンボリズムが登場することはありません。おそらくナウマンであれば、能登が例にあげた富山県大境洞窟《おおざかいどうくつ》の大きな石棒に描かれている円と、それを包み込むように描かれた三叉状の文様が、満月と三日月に見立てられると解釈したに違いありません。もちろん私もそう考えています。

北海道式石冠がシンボライズするもの

北海道式石冠の役割について私が考えるのは、基本的には能登と同じく呪術宗教的な性格です。おびただしい数の出土品は、彼らの食生活の実態からは相当にかけ離れていると考えざるを得ないからです。両性具有かどうかはさておき（けっして否定はしません）、月のシンボリズムの視点から形が何をシンボライズしているのか考える必要があります。

以前私は、これが「熊」をシンボライズしているのではとの推測を述べたことがあります（『考古資料大観』）。そのときは思いつきに近いもので、根拠を明確に示したわけではありませんでした。しかし今、ナウマンの月のシンボリズムという概念をベースにして考えてみると、「蛇」が象徴されていることに改めて気づかされます。

蛇は脱皮をくり返し、冬眠をするわけですから、縄文人には月と同じように「死と再生のシンボル」として映ったに違いありません。たとえばアオダイショウは、成長すると数カ月おきに脱皮をします。脱ぎ捨てた皮も含めて、縄文人は日常的にそれを目にしたはずです。

じつは、縄文時代を通して、土器や土偶あるいは単独の土製品、石製品といった造形にはっきりと蛇が登場することはあまりありません。ときどき印象に残る見事な造形に出くわしますが、むしろ稀だといったほうが正しいかもしれません。

土偶からもわかるように、そもそも縄文人は、人や動物をリアルに表現することはきわめて稀なのです。しかしそうした中でも、蛇と蛙そして猪は、それとなくわかるように表現されています。関東甲信越地方には粘土紐で作られたリアルな造形も存在しますが、こと北海道に限っては土器や土偶に蛇とわかる意匠が登場することはほとんどありません。

ナウマンの研究を知ってからは、蛇や蛙、あるいは熊や狼などがけっしてシンボライズされていないわけではなく、さりげなくどこかにシンボライズされているのではないかということも、一つの可能性として意識するようになりました。私はそうした意味で、北海道式石冠が蛇をシンボライズしているのではないかと考えたのです。北海道式石冠の形から蛇をイメージするのはなかなか難しいですが、奇《く》しくも「重ね餅のよう」と表現した学者がいたことには驚きました。民俗学者の吉野裕子の説では、「鏡餅」は蛇がトグロを巻いた状態を象徴していますから、まんざら外れているわけでもありません。また、じつは能登健の紹介した石棒のシンボライズにも蛇が登場しています。

能登は、群馬県と岩手県から見つかった「ヘビのように蛇行した石剣」と「ヘビのように蛇行した石刀」を紹介しています（『縄文時代』）。このことが、全国からたくさん出てくる石棒や石剣、石刀は蛇をシンボライズしたもの、と考える大きなヒントとなりました。これがなければ、今なお私は直接的に男根を象徴したものと考え続けたに違いありません。能登のヒントのおかげで、私は、なぜ縄文人がお墓の死者に石棒や石剣を添えるかという謎も読み解くことができました。男根と理解されていた石棒や石剣、石刀は、実は再生のシンボルとしての蛇だったのです。こんなところにも月のシンボリズムがあったのです。

高度なレトリックのために、現代に生きる私たちには、彼らの使うシンボリズムを解き明かすことは難しいのです。北海道式石冠と蛇の関係はわかりにくいものですが、今後も探っていこうと思います。

石皿の呪術宗教性

次に、この磨り石とセットをなすと考えられている石皿についても、形の意味を探ってみたいと思います。これについては、井戸尻《いどじり》考古館の樋口誠司がたいへん刺激的なことをいっています（『甦る高原の縄文王国』）。

樋口は、長野県藤内遺跡の三十二号住居（竪穴式住居）の平面形が、石皿を上から見た形と同じ卵形をしていて、また、同じ長野県の居平遺跡ではお墓や竪穴住居のムラの中における配置の様子がやはり石皿のような卵形（馬の蹄の形）をしているといゝうのです。

ようするに、縄文土器に描かれた円環模様や石皿の凹みは、甦りの象徴としての月と女性器を表わしているのであり、ときとしてそれは背中の模様が似ているヒキガエルにもなぞらえられるというのです。普通では理解しがたい解釈ですが、月のシンボリズムという観点から見ればそれほど突飛な解釈ではないと思います。樋口はつまり、「土器に表わされた環という文様の意味が、実は、自分たちが生活している土地や集落や墓とか広場とか、そういう隅々の部分まで反映されている」という読み解きを披露しているのです。石皿が女性器の形になぞらえられると聞くと驚くでしょうが、月のシンボリズムに従うならばその意味が理解できます。

じつは私も、石皿の呪術宗教性についていろいろ思いを巡らせています。たとえば北海道伊達《だて》市の北黄金《きたこがね》貝塚などでも、多くの石皿に、磨り石として使用が困難なほどたくさんの小さな穴が開けられています。磨り石ほどではありませんが、やはりこの石皿も集落の規模に対して出土数が多過ぎるという印象を受けます。そうした傾向はほかの遺跡でも見られます。たとえば函館市の大船《おおふね》遺跡では、三〇〇〇点もの石皿が盛土遺構から見つかったそうです。

おそらく磨り石や石皿は、実際に作業に使われるというよりは、祭祀的な場面で使われることが多かったのではないでしょうか。数が多いのもそのことと関連があるからでしょう。時折見つかる脚の付いた立派な石皿や、実用性に乏しい小形の石皿などからも、祭祀的なにおいがかぎ取れます。

住居の床に埋め込んだ石皿も全国的によく知られていますが、実用性を考えれば、住居の床に固定するのは機能的ではありません。お墓に副葬されたたくさんの矢じりを思い出してください。縄文人は狩りのためというよりも、お墓に入れるために矢じりを作ったのではないかと私には思えます。石皿も同じだったのではないでしょうか。おそらく死者の甦りを願って、月がシンボライズされた石皿が添えられているのでしょう。たとえば、くだんの北黄金貝塚では、お墓の上に必ずといっていいほど石皿が載せられています。七点もの石皿が載せられていたお墓もありました。

それにしても、石皿が女性器をシンボライズしたもので、それが集落や墓地の円形のデザインにまで反映されているという樋口の説は卓見だと思います。ただし、土偶のところでも触れましたが、縄文人が女性器を直接的に表現することはきわめて稀なのです。縄文人にとっては身ごもる場所としての「子宮」こそが重要なのだと思います。女性器を描かず土偶のお腹を大きく表現するのはそのためです。ですから、石皿の凹みは子宮のシンボライズだと考えられるのです。

ときに石皿の上に磨り石が載せられたまま見つかることがありますが、くだんの北海道式石冠が蛇だとすれば、石皿に載った石冠は、まさに子宮と蛇が再生をシンボライズする姿として見て取れるではありませんか。もちろん蛇は、男根のシンボライズであることはいうまでもありません。

3　石皿は虫歯のバロメータ

縄文人の食生活と石皿の関係

磨り石と石皿の用途について、『縄文時代研究事典』には「植物質食料を盛んに用いた縄文時代を代表する石器として、全時期を通じて広く分布する」、「主としてはドングリやトチの実などの堅果類やヤマイモなどの根茎類の製粉加工が目的」だと書かれています。そのほかにも、赤色顔料（ベンガラ）や土器用粘土に混ぜる石などを磨り潰すためという説がありますが、じつは、それほどはっきりとわかっているわけではありません。

磨り石や石皿の多さから考えれば、北海道のこの時期の縄文人は、よほどドングリやトチの実などの堅果類、そしてヤマイモなどの根茎類を食べていたことになります。しかしどうでしょう。私が行なった研究からは、そうした食生活の実体は見えてはこないのです。

本章第一節でも述べたように私は一五年ほど前、縄文人の虫歯の研究を行ないました（「縄文時代の虫歯率」）。この研究から、当時の食生活と石皿はちょっと不思議な関係にあることが見えてきたのです。

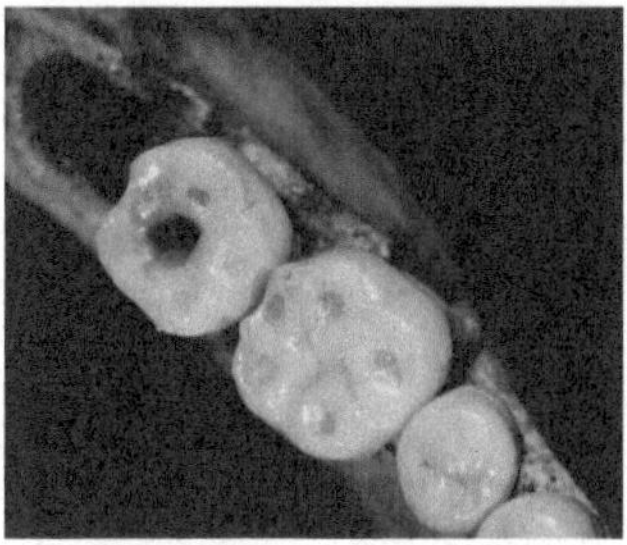

地域	標本数(本)	齲歯数(%)	齲歯数(%)
北海道	1,285	28	2.18
東　北	789	138	17.49
関　東	1,751	242	13.82
東　海	377	54	14.32
中　国	144	18	12.50
本　州	3,061	452	14.77

（上）縄文人の虫歯：北海道有珠モシリ遺跡［大島撮影］
（下）縄文人の虫歯率［大島論文より］

虫歯がある本州人、ない北海道人

私の研究から明らかになったのは、縄文時代から近世アイヌの時代まで一貫して虫歯が少なく、なかでも擦文時代（八〜一二世紀頃）の人と、ほぼ同時代のオホーツク沿岸で暮らしたオホーツク人には、一本の虫歯も見られなかったことです。

一方で、同時に調査した本州の縄文人の虫歯出現率は約一五パーセントで、北海道の縄文人の約二パーセントと比べると明らかに高いことがわかります。つまり、虫歯の原因がデンプン質の摂取にあることから考えると、北海道と本州の人々の食材が大きく異なっていることがわかったのです。本州の縄文人の虫歯が高率なのはすでにターナーの研究で知られていましたが、北海道の縄文人の虫歯率の低さは意外な発見でした。

従来の研究では、縄文人の食料に占める動物と植物の割合を出すことは難しいとされてきました。どちらかというと、動物食の比重が高かったと思われてきました。それは貝塚に残された魚貝類の〝見た目〟の多さに影響されて、どうしても動物食を重視する傾向にあったからです。ところが近年は、人骨に残されたタンパク質から炭素と窒素の安定同位体の比率を求め、生前にその人が何をどのくらい食べていたか分析することが可能になりました。

同位体研究を推進する北海道大学の南川雅男《みながわまさお》によれば、本州と北海道の縄文人の食性には大きな違いがあるといいます（「人類の食生態」）。本州で貝塚が多く見つかることから、本州の縄文人は魚貝類中心の食生活と考えられていたのが、南川の分析からはタンパク源の多くをドングリやトチの実などの堅果類に頼っていたということが判明したのです。これに対して北海道の縄文人は、海獣や魚が主な食料だったことが明らかになりました。南川の研究は、私の虫歯率の分析結果を見事に裏付けてくれたのです。

青森県の三内丸山遺跡の分析結果も、とても興味深いものでした。資料とした人骨は少ないのですが、約五〇〇〇年前の青森県の縄文人は、ドングリやクリ、トチの実などに大きく依存していたことがわかりました。さらに、最近、青森県五所川原《ごしょがわら》市の五月女泡《そとめやち》遺跡の虫歯のデータも公表されました。縄文時代の終わり頃のとても大きな遺跡で、たくさんのお墓が見つかり人骨も遺っています。調査にあたった日本歯科大学の奈良貴史《ならたかし》によれば、高い頻度で虫歯が見つかったそうです（平成二四年度現地説明会資料から）。

北海道の縄文人は磨り石を何に使ったか

これまで北海道の縄文文化は、土器の形や模様から、北東北の縄文文化と共通したものと理解されてきました。しかし、虫歯の出現率から見るかぎり、両地域は食文化については大きく異なっていたことがわかります。

そこで新たに浮上する疑問は、ドングリやトチの実などに頼らない食生活を送った北海道の縄文人が、なぜあんなにも多くの磨り石（北海道式石冠）と石皿を作り続けたのかということです。磨り石や石皿は、これまで主に植物を加工するために使われた道具だと考えられてきました。しかし、そうではないとしたら、いったい何に使われていたのでしょうか。

当初、私が考えたのは肉の加工でした。赤澤威《あかざわたける》氏の教示によると、北米海岸の先住民は、石皿と磨り石で魚をミンチに加工しているといいます。また、北海道余市《よいち》町のフゴッペ貝塚の分析では、縄文の磨り石から海獣類の脂肪酸が検出されています。私はそこからヒントを得て、磨り石や石皿の用途を魚や海獣の肉の加工用だと考えたのですが、それにしても北海道式石冠と石皿の数は多すぎます。しかも北海道では、本州と同じように、円く平たい河原石も磨り石にしているのです。

さらに私がひっかかったのは、磨り石も石皿も、まだまだ使えるはずなのに、あえて壊しているような形跡がある点です。北黄金貝塚の水場遺構からは、一二〇九個もの磨り石と石皿が出ましたが、ほぼそのすべてが壊されていたのです。

こうしたことを総合すると、磨り石と石皿は、基本的には製粉道具や肉の加工用道具として使われたとは思いますが、それ以上にこの道具には、何かのシンボリズムにかかわる呪術宗教的な役割もあったのではないでしょうか。私はそれはもちろん月であり、蛇と子宮だったのではないかと考えています。

4　石斧の色はなぜ緑なのか

佐原真の研究

日本の考古学を語るうえで、避けては通れない学者がいます。佐原真《さはらまこと》（一九三二～二〇〇二年）です。佐原は大阪に生まれ、幼稚園のときに土器のかけらを拾ったことから考古学の道に進んだという正統派の考古学者です。それにひきかえ、私は大学生のときに発掘のアルバイトに誘われたのが考古学を志すきっかけでした。〝正統派〟の佐原と比べれば間違いなく〝不良考古学者〟です。

佐原の研究スタイルは、厳密なモノの観察と分析を基礎として、世界的な視野でそれを歴史的に位置づけるというやり方です。そうした意味でも、縄文の石斧《せきふ》の研究については佐原を超えるものはありません（『斧の文化史』）。そしてそれは斧《おの》だけでなく、土器や弥生の銅鐸などの研究にも共通しています。

しかし、佐原の膨大な研究成果を紐解《ひもと》いてみても、じつは触れられていないことが一つあります。それは、「なぜ縄文人は、緑の石で斧を作ったのか」という問題です。もちろん、佐原の研究にはそうした設問自体が設定されていないのですから、答えを要求する私が悪いのかもしれません。しかし私は、斧の文化史を考えるうえで、とくに縄文人の斧づくりを考えるうえで、この問いかけは重要な意味を持っていると思うのです。そこで、佐原がやり残した唯一の問題に私が挑んでみることにします。

磨製石斧とグリーンストーン

石を磨いて形を整えて作る斧、つまり「磨製石斧」は、縄文土器が生まれる以前の旧石器時代にすでに発明されていました。旧石器時代の磨製石斧は刃先だけを磨くのですが、土器が発明された縄文時代には全体を磨いた斧が登場します。私が「緑の石」と呼ぶのは、この縄文時代の磨製石斧に使われる石のことです。

佐原の研究の中で、斧に使う石の名前が一つだけ登場します。中石器時代のスカンジナビア半島の磨製石斧に「グリーンストーン」が使われたことが紹介されているのです。岩石の正確な名前は明らかにされていませんが、ヨーロッパでも緑の石が斧に使われていたということです。

翻って、縄文時代の磨製石斧を見てみると、縄文時代の磨製石斧には、一般的に緑色片岩や緑色泥岩、緑色凝灰岩、蛇紋岩、カンラン岩など、緑色系の石が使われています。これらの石は、乾燥した状態ではくすんだ色ですが、水に濡《ぬ》らすと鮮やかな緑色になるものが少なくありません。

石の性質を調べてみると、この手の石はどれもけっして硬い石というわけではありません。むしろ軟らかい石です。これまで石斧の石材が問題になることがなかったのは、おそらく、誰が考えても「軟らかくて作りやすい石だから」と合理的に解釈したからだと思います。しかし、その一方では軟らかい石で硬いものを切ろうという点にも無理があります。本当に縄文人はそのように合理的な考えだけで材料を選んだのでしょうか。

たとえば東日本では、矢じりやナイフの石材にはよく黒曜石が選ばれています。ただし産地が限られていますから、それを手に入れるのに大きなエネルギーを使ったムラもあったでしょう。それでも黒曜石を手に入れようとしたのはなぜでしょう。

六〇〇〇年前の北海道伊達市北黄金貝塚では、多くは六〇キロほど離れた長万部《おしゃまんべ》町というところから採れる頁岩《けつがん》を使って石器を作っていますが、出土したうちの三割ほどの矢じりとナイフはそれ以外の石を使っていました。たとえば一番近い地域の石でも一〇〇キロ以上は離れた赤井川《あかいがわ》村というところの黒曜石です。数は少ないのですが、三〇〇キロも離れた産地の黒曜石もあります。

「刺されればいい、切れればいい」という合理的な考えであれば、ほかにもいくつか適した石材はありました。切れ味にそれほど違いがあるわけではないのに、こんなにも黒曜石にこだわったのはなぜでしょうか。おそらく、そこにもシンボライズという呪術宗教的な石材の選択原理が働いているに違いありません。では緑の石は、いったい何をシンボライズしているのでしょう。

石の持つヒエロファニー

世界の神話を読み解いたエリアーデは、石の持つヒエロファニーについて触れ、「未開人の信仰は、石が具有し、具現している、何か別なものに常に関連している。岩とか小石とかが敬虔な信心の対象となるのは、それがあるものを表わし、または模倣しているからであり、またそれがどこからか由来しているからである」と述べています(『豊穣と再生』)。そして、「石を霊的作用の道具として、かれら自身の防禦や死者の防禦のためのエネルギーの中心として利用した。それはつまり、礼拝の対象となった石の大部分が道具として用いられたからである」と指摘し、その一つとして「石製の斧」をあげているのです。

私も、縄文人の作る石斧は、単なる道具ではないと考えるようになりました。緑の石が、たまたま手に入りやすく、斧への加工が容易な石材だからという理由だけで選ばれたとは思えないのです。おそらく彼らが、とくに東日本の落葉広葉樹林帯で暮らした縄文人たちは、秋になり木々の緑が失われて、その木が春になるとまた緑が甦る姿を、「死と再生」のシンボライズとしてイメージしたのでしょう。

住居や丸木舟のために聖なる木々を切り倒すとき、彼らは緑の斧を使うことで折り合いをつけようとしたのではないでしょうか。つまりは緑の石斧は、木々の再生のシンボリズムだと思います。もちろん、木々の緑は、月の水によってもたらされます。後の古墳時代、全国的に、被葬者の石室には緑色片岩が使われることが少なくありませんでした。おそらくこれも単なる偶然ではありません。

5　ヒスイは何をシンボライズ

もう一つの「緑」の石

縄文人にとっての「緑」といえば、もう一つ大事な石があります。そう、ヒスイ（翡翠）です。ヒスイは本当の名前を「硬玉」といいます。産地は全国にいくつかありますが、縄文人が好んだのはもっぱら新潟県産です。新潟といっても、産出する場所は限られていて、糸魚川《いといがわ》市を流れる姫川《ひめかわ》や青海川《おうみがわ》の流域に集中しています。

縄文人がヒスイに目を付けたのは七〇〇〇年ほど前からで、それ以降ヒスイは全国に広がっていきます。ヒスイの色は、白や灰、青、桃、紫、黒などさまざまあるようですが、縄文人が好んだのは何といっても「緑」でした。

産地が限られているにもかかわらず、ヒスイは北海道から沖縄まで広い範囲にもたらされていることから、縄文人にとっては想像を絶するような価値があったのだと思います。また、そうした価値観は、縄文時代以降の弥生時代や古墳時代の文化にも受け継がれていきます。皇室の三種の神器の一つは勾玉《まがたま》ですが、これもヒスイ製なのではないかと思われます。かつてヒスイは、勾玉に代表される「玉」として加工されていました。玉といっても円だけでなく、鰹節《かつおぶし》形といって楕円形に加工されたものもあります。共通しているのは、穴が開けられていることで、おそらくペンダントのように使われたのだと考えられています。

私がヒスイに関心を持ったのは、もちろんその緑の色からです。しかし、残念ながらこれまでの縄文研究では、ヒスイの色に着目されることはありませんでした。

神話学者大林太良の発言

一九八六年と一九八八年の二回、糸魚川市で「翡翠と日本文化を考えるシンポジウム」が行なわれています（『古代翡翠文化の謎Ⅰ・Ⅱ』）。翡翠研究の第一人者が集った集会で、考古学、民族学、岩石学、地質学など、そうそうたる参加者によるシンポジウムでした。そこで私が興味を引かれたのは、世界的な神話学者・大林太良《おおばやしたりょう》（一九二九〜二〇〇一年）の発言です。

大林は、現在私たちが「グリーン」の意味で使っている「緑」という言葉は、日本語では新しい使い方だといいます。そして次のように解説しています。

「もともと緑というのはなにかというと、これは木の若芽のことをいうわけで、ですから現在でも〝木々の緑が目にしみる〟とか、そういうようないいかたにその痕跡が残っているわけです。つまり緑というのはほんとうに木の若芽をいうわけなんで、ですから〝みどり児〟というような言葉は、まさに〝若芽〟のような幼い生命力にあふれている子どもです。これをみどり児というわけですね。（中略）そういうことから考えると、やはりヒスイの緑色というのは意味があるのではないでしょうか。つまり木の若芽を連想するような、そんなやたらに濃い緑ではない、淡い緑色である。ですからまさに〝渟名川の底なる玉〟（『万葉集』巻十三）というのも、不老長寿の霊力をもつといういわば〝生命力〟を表わす色の玉である」

これはまったく目からウロコの発言です。ところが会場にはたくさんの考古学者がいたはずなのにこれ以上色についての議論は深まらず、もっぱらヒスイの伝播《でんぱ》論、製作技術論に終始してしまったのは残念なかぎりです。

大林の意見からも縄文時代におけるヒスイの役割ははっきりしています。縄文人は、ヒスイの希少性に価値を見出したばかりではなく、その緑色に「再生」のシンボリズムを見たのです。

ヒスイの地域性

新潟県の糸魚川市にはヒスイの勾玉がたくさん見つかった縄文遺跡、国史跡長者ヶ《ちょうじやが》原《はら》遺跡があります。ところが、その勾玉の材質を詳しく調べてみると、すべてがヒスイではないことがわかりました。見た目にはヒスイなのですが、正確には、ヒスイによく似たほかの緑の石が混じっていたそうです。つまり、縄文人にとっては、ヒスイそのものではなく、緑という点に価値を見出していたのです。それは大林のいうように緑色が再生のシンボルだったからでしょう。

ここで、ヒスイの分布について触れておく必要があります。縄文時代のヒスイ製品が、圧倒的に東日本に分布していることは以前から知られていました。縄文遺跡が東日本に多いということも関係あるとは思いますが、私はむしろ、落葉広葉樹林帯という東日本の森林環境の中で生まれてきた「心性」にかかわりがあるように思うのです。秋になると葉が枯れて死んだようになってしまう木々が、翌春には再び芽吹くという自然現象が、彼らに緑に対する再生信仰を生じさせたのではないでしょうか。

古墳時代になると、ヒスイは一転して西日本に集中します。ヒスイが古墳の副葬品として用いられたからです。この時期の東北や北海道でヒスイが出てこなくなったのは、ヒスイに代わる何かほかの再生シンボルが登場したからではないかと私は考えています。それはおそらく古墳の分布が、圧倒的に西日本から関東・北陸地方に偏っていることとも無関係ではありません。まだ十分に明らかにできていませんが、たとえば、東北や北海道では矢じりやナイフを数多く副葬することから読み解いてみることも必要ではないかと思っています。

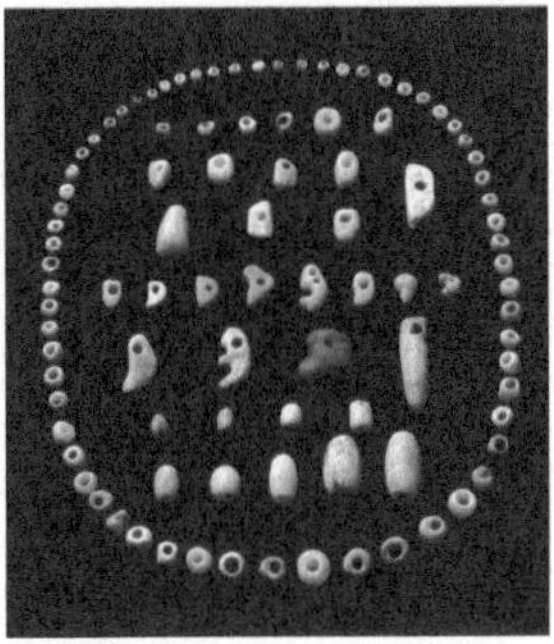

ヒスイの玉類：北海道美々4遺跡
[北海道埋蔵文化財センター提供]

6 結論——石器は再生のシンボル

縄文土器や土偶と同じように、石器もまた月のシンボリズムに組み込まれていることがわかってきました。結局、先に触れた石斧や勾玉の製作に縄文人が緑の石にこだわったのも、再生のシンボルとして価値を見出していたからなのでしょう。

そうだとすれば、勾玉の形の意味も読み解きができそうです。大林の指摘にもあるように、木々の若芽や幼子（みどり児）をシンボライズしているとすれば、勾玉の形が胎児の姿を模してデザインされたという以前から指摘されてきた説も、説得力を増してくるように思います。

また、これまでの読み解きの中で、とても重要なことが明らかになってきました。それは、植物のシンボライズです。矢じりやナイフ、石皿や磨り石は、いわば動物の生命力や再生力をシンボライズしたものでした。蛇や蛙、猪、鮫、貝など、縄文人のシンボライズはどうしても動物に偏る傾向にあると思われましたが、ここへきて植物が登場してきたのです。その意味はとても大きいと私は考えています。

第四節　貝輪をはめるのはなぜ女性なのか

1　貝輪を女性がはめるわけ

縄文文化の装飾品

縄文文化の代表的な装飾品に「貝輪」があります。貝殻で作られた腕輪のことです。貝殻で作られた装飾品とされるものはほかに玉類などがありますが、縄文人がこだわりを持って作り続けたのは何といっても貝輪です。

貝輪は、縄文時代の早い時期から作られ、地域を問わず使われ続けました。日本列島は島国ですから、どの地域でも比較的たやすく貝を手に入れることができますが、縄文人は貝輪を作るにあたってその材料にこだわりました。アカガイやハイガイ、アカニシ、イタボガキ、ベンケイガイ、オオツタノハガイ、タカラガイなどが好まれた貝の種類です。こうした貝のほとんどは、西日本から五島《ごとう》列島、奄美《あまみ》諸島、八丈島《はちじょうじま》あたりに棲息《せいそく》しています。いわゆる南海産貝と呼ばれるものばかりですから、北海道など北国に暮らす縄文人にとってはそれらの貝を手に入れるのが大変だったはずです。しかし、それでも貝輪は全国の遺跡から出土していますから、この貝輪には単なる装飾品以上の何か大きな意味があったことが想像できます。

貝のシンボリズム

ミルチャ・エリアーデは、貝のシンボリズムについて次のように述べています（『イメージとシンボル』）。

「牡蠣、鹹水の貝殻、巻貝、真珠は、性的シンボリズムにも水の宇宙論にも等しく結びついている。どれも実際、海や月や女性の中に集中されている聖なる力を分け与えられている。しかもそれらは、それぞれが異なった理由によって、つまり貝殻と女性生殖器との類似、牡蠣、海、月の結合関係、牡蠣の中で形成される真珠の婦人科的、胎生的シンボリズムによってこれらの諸力のしるしとなるのである」

さらにエリアーデは、「牡蠣と貝類の呪力に対する信仰は先史から現代に至るまで世界中どこにでもみられるものである。このような考え方の始原にあるシンボリズムは大抵《原始的》思考の深層に属している」とも述べたうえで、次のような重要な指摘も行なっています。

「貝殻と女性生殖器の重ね合わせは日本でも等しく認められている。貝殻と牡蠣はこんな風にして子宮の呪術的な力を分有するのである。汲めども尽きぬ泉のように女性原理のしるしなら、どんなしるしからも迸り出る想像力がそれらの中にたち現われ、力を振っているのである。だからして、お守り、あるいは装身具として肌につけられた牡蠣、貝殻、真珠は女性に受胎を容易ならしめるあるエネルギーを滲み込ませるばかりでなく、厄災をもたらす諸力から女性を保護するのである」

じつに明快に貝のシンボリズムが説明されています。縄文人の貝輪も、まさにエリアーデが指摘するように、呪術宗教的なシンボリズムの一つとして機能していたに違いありません。たしかに縄文時代、貝輪をつけたのはほとんどが女性でした。貝と女

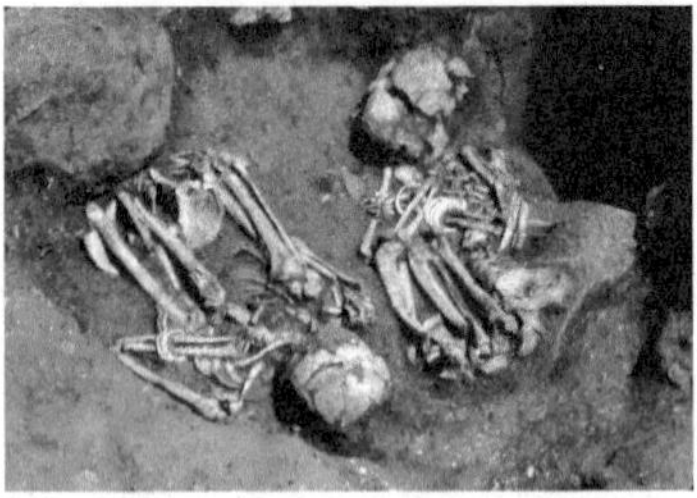

貝輪をはめた二人の女性の墓：北海道有珠モシリ遺跡［伊達市噴火湾文化研究所提供］

性、そして水との関係性をそこから読み取ることができます。

北海道縄文人の腕に南海産の貝

私は、二〇年ほど前、北海道伊達市の有珠《うす》モシリ遺跡から、南海産の貝で作られた貝輪を装着した人骨を二体発掘しました。縄文時代の終わり頃に生きた二〇歳の女性二人のお墓でした。それぞれ左腕にベンケイガイとオオツタノハガイの貝輪がはめられていました。

じつは有珠モシリ遺跡からは、「続縄文時代」と呼ばれる縄文時代の次の時代のお墓もたくさん見つかっています。紀元一〜二世紀の遺跡です。その中から、奄美諸島以南が棲息圏である大形のイモガイで作られた貝輪が出てきて全国的な話題となりました。それまで南海産イモガイの貝輪の出土例は島根県が北限でした。それが一気に北海道にまで分布が広がったということで大騒ぎとなったのです。

こうした状況を考えると、貝の持つ意味の大きさがわかってきます。ただ、貝輪が単なる権威の象徴ではないということに留意しておきたいと思います。北海道の縄文人が南海産貝にこだわり、それを手に入れようとしたのは、ステータスシンボルとしてではなく、あくまでも受胎（再生）のシンボリズムとして欠かせない品だからだと私は考えます。世界の狩猟採集社会の例などから考えると、日本の縄文社会もやはりそうしたことにエネルギーを費やす社会、呪術宗教的な社会であったことを有珠モシリ遺跡の貝輪は物語っているのではないでしょうか。

ところで、出土した貝の腕輪には二つのタイプがあります。二枚貝やオオツタノハガイの中心部分をくり抜いたタイプと、縁の部分を三日月状に切り取り、両端に連結穴を開けて二個を組み合わせて使うタイプの二つです。この形の意味は、月のシンボリズムという観点から考えると「満月」と「三日月」をイメージしたと考えるのが妥当ではないでしょうか。

2　鮫と猪は何をシンボライズしたか

鮫の歯の研究

あまり一般的な出土品ではありませんが、縄文遺跡からは鮫の歯が発掘されることがあります。この鮫のシンボライズからもある意味を読み取ることができます。

鮫の歯について研究したのは、北海道の長沼孝《ながぬまたかし》です（「遺跡出土のサメの歯について」）。長沼は、全国の鮫の歯の出土例を調査した結果、北海道からの出土が多いこと、また、本州では弥生時代以降の遺跡からは出土しなくなるのに対し、北海道ではアイヌ文化の時代まで何らかの形で鮫の歯を利用した文化が引き継がれたことなどを明らかにしています。

面白いのは、北海道近海にはネズミザメ（モウカザメ）が分布していますが、縄文人が好んだホホジロザメ、メジロザメ、アオザメなどのいわゆる〝ジョーズ〟のたぐいは、稀にしか見られないということです。ですから、海における貝ではオオツタノハガイやタカラガイ、陸における動物では猪のように、鮫の歯も本州から持ち込まれている可能性があるのです。そこで問題となるのは、なぜそうまでして北海道では鮫の歯を手に入れなければならなかったかということです。

鮫の歯は強さのシンボルか

一般的に、鮫の歯は狩猟社会における〝強さ〟のシンボルとして理解されてきました。長沼の研究によれば、本州では農耕社会になった弥生時代以降、狩猟の象徴である鮫の歯の利用はなくなります。たしかに一応つじつまは合っていますが、はたして本当にそうだったのでしょうか。

私は、先の矢じりのところで一つの見解を示しました。鮫の歯の交換歯列が、縄文人には再生のシンボリズムとして位置づけられていたということです。長沼によれば、鮫の歯は、北海道ではお墓に入れられている例が少なからず見られるといいます。その点からも、鮫が死者の再生を願う信仰と結びついていたと考えることができます。

もちろん、強さのシンボルという可能性を否定するものではありませんが、そもそも狩猟採集社会において強さという概念が存在したかどうかは、深層心理学的な検討も必要なのではないかと私は考えます。縄文社会にも戦争や奴隷制度があったと考える考古学者もいますが、自然との共生を旨とする狩猟採集社会の継続原理を踏まえれば、それらの行為に結びつく「強さ」という概念は、むしろ排除されるべきものではなかったかと思うからです。

土器に付けられた猪

次に「猪」について考えてみたいと思います。

縄文文化の中で猪は土器の模様や土製品に表現されてきました。とくに関東地方では、五〇〇〇年前の土器の特徴ともいわれるくらいに頻繁に登場しています。その多くが、土器の口の部分に突起のように付いた頭部（顔面）の表現です。一カ所だけに

猪の土製品：青森県十腰内遺跡
［弘前市立博物館提供］

付けられるのではなく、複数ヵ所に及ぶこともあります。

能登健はある本の中で、子供の頃、猪は根こそぎ獲《と》ってしまうと種が絶えるからメスや仔《こ》（ウリボウ）は獲らなかったと教えられたが、発掘資料が増えた今、あらためて縄文土器などを見てみると、メスもウリボウも無差別に獲っていたことがわかるといって、「かつて感動的に語られた縄文人の狩猟観や道徳観などは吹き飛んでしまった」と嘆いています（『縄文時代』）。

しかし、もし縄文人が本当に残酷ならば、一時期とはいえ猪を土器の造形に組み入れて、「対称性思考」（『対称性の人類学』）ともいえる心性を表現するでしょうか。私にはそうは思えません。

猪も月の再生シンボリズム

縄文の猪研究は、昨今の動物考古学の後ろ盾もあって、もっぱら縄文社会における経済的な側面からの研究が多いようです。ただ、そうした研究と共に、なぜ縄文土器いるのか、さらには、なぜ全国に装身具と呼ばれる猪の牙の加工品が広がっているのか、さらには、なぜ猪の棲息しない北海道の縄文人までが牙や指の骨を手に入れているのかといった疑問にも考古学者はそろそろ答えを出さねばいけません。そうしないと、ますます縄文人は現代人と同じような肉食系野蛮人にされてしまいます。ちなみに、先に述べた私の虫歯の研究でわかったことは、関東の縄文人の主食はドングリやトチの実で、けっして猪ではないということです。

私は、やはり猪も月のシンボリズムの一つとして検討すべきだと思います。猪の牙が「三日月」を象徴すると考えるからです。長野県北村《きたむら》遺跡のお墓から見つかった男性人骨の胸に、大きな猪の下あごの牙が左右合わせた状態で置かれていましたが、私はこれを再生を願う信仰心の表われと解釈しています。古くから知られている関東地方の土器に表現された猪の頭部も、東北や北海道で見つかっている猪の全体像の土製品も、月の再生シンボリズムによる呪術宗教的な心性から作られたものであろうと考えられます。

猪は〝多産な〟動物でもあります。猪を表わした造形を見ると、あらためて人間の根源的な心性である「グレートマザー」を私は強く意識させられるのです。

3　スプーンに潜む熊と鯨

熊と鯨はなぜ描かれない

これまで縄文人のものづくりを月のシンボリズムという考え方で読み解いてきて、土器や石器にさまざまな動物が月の象徴として表現されていることがわかりました。最後に「熊」と「鯨」についても見ていきましょう。

熊は縄文土器に稀に描かれる動物です。わずかですが粘土で全体像が作られたものも出土しています。しかし、鮫や猪と比べると、熊はやや影が薄く、鯨に至ってはまともに表現されることはありません。ちょっと意外です。熊も鯨も、もっといろいろなところに描かれていてもいいようにも思います。たとえばアイヌ民族は熊や鯨を古くからシンボライズしています。

なぜ縄文時代には熊や鯨がシンボライズされないのか。このことを考えるうえでヒントになるのが、北海道伊達市の北黄金貝塚から発掘された鯨の骨と鹿の角で作られたヘラのような製品です。「スプーン形製品」とも呼ばれますが、現代のスプーンとは形がかなり違っています。

これらは六〇〇〇年前に作られたもので、形のわかるものは三点あります。写真に示した二点のうち一点は鹿の角で作られ（中央）、もう一点は鯨の骨で作られていま す（左側）。よく観察してみると、鹿の角で作られたほうは、スリットの入れられた中央部の下がヘラ状になり、上は四角いつまみの付いた短い柄になっています。スリット部分との境には二個の突起が左右一対に付けられています。ヘラとの境にも痕跡がありますから、もともとはここにも突起があったと見てよいでしょう。

鯨の骨製の方も基本的には同じ構造をしています。やはり二個一対の突起が上下にあり、こちらはつまみ付きの柄が失われています。

さて、これだけではここに熊が描かれているとは、まったくわかりません。ところが、同じ伊達市の有珠モシリ遺跡のヘラ状製品（右側）と比べてみると面白いことが見えてくるのです。

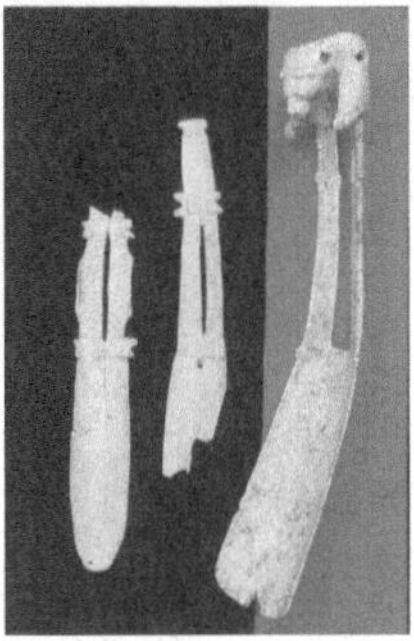

熊のデザインのあるスプーン形製品：北海道北黄金貝塚と有珠モシリ遺跡［大島撮影］

モシリ遺跡のヘラ状製品は、一見するだけでは、違いが際立ち過ぎて共通性に気づかないほどです。それは、モシリ遺跡の柄の先端に彫られた熊の彫刻のせいです。これは北黄金貝塚の製品にはありません。というよりも、北黄金貝塚のこの部分は、彫刻ではなく、つまみになっているのです。そして、このつまみと熊の彫刻以外は、スリットや二個一対の突起など両者は瓜二つの構造なのです。

つまり、有珠モシリのヘラ状製品を参考に類推すると、北黄金貝塚のつまみはじつは熊だったのではないかと思われるのです。熊の頭部を四角い小さなつまみとして表現したと考えることもできますし、二個一対にして前後四ヵ所に付けられた突起は熊の四肢と見ることもできます。

興味深いのは、タイムラグの大きさです。有珠モシリの「熊付きヘラ状製品」は、二〇〇〇年前の続縄文時代に作られたものです。ですから、両者の間にはおよそ四〇〇〇年もの開きがあるわけですが、しかし驚くことに、熊の彫刻以外はほとんど変化していません。

単なる装飾的な造形であれば、四〇〇〇年間変化をせずに同じ造形が継続されることは考えにくいでしょう。それが、スリットにしろ四肢の表現にしろ、まったく変化せずに引き継がれているのです。その理由はいったい何だったのでしょう。おそらく微動だにしない世界観が彼らの根底にあったからだと思うのです。

ヘラ状製品に潜む熊と鯨

同様に、二〇〇〇年前の有珠モシリ遺跡のヘラ状製品には、柄の先端に鯨がデザインされたものがあります。ヘラの部分の造作が異なりますから、一概には共通性を指摘できませんが、あるいは縄文時代においてはあまり見ることのできない鯨の姿も、つまみのような気づかれにくい場所にひっそりとシンボライズされているのかもしれません。

前項でも指摘したように、北海道にかぎらず本州でも、縄文時代を通して彼らは人間や動物をリアルに表現することはありません。ですから、私たちには思いもよらない造形の中に、意外な動物や人間が潜んでいる可能性を疑ってみることが必要なのです。

ところで、熊や鯨は何をシンボライズしているのでしょうか。熊は、秋には冬眠し、春には目を覚まします。とくにメスの場合は、春になると冬眠中に出産した子熊と共に現われます。また、海の中に潜った鯨は、息継ぎのためにときどき海面に姿を現わします。おそらく縄文人は、死と再生をシンボライズするに十分な理由を、消えてもまた現われるという熊と鯨の生態の中に見出したのでしょう。ここでも月のシンボリズムは息づいているのだと思います。

4　土器片円盤ももしかすると

土器片円盤はなぜ無視される

考古学者なら誰でも一度は見たことがある製品の一つに、「土器片円盤」などと呼ばれるものがあります。縄文土器のかけらを加工した製品です。

「誰でも」といったのは、この土器片円盤は全国各地の縄文遺跡から、しかも時期をほとんど問わずに出てくるものだからです。つまり、縄文社会にあってはそれだけ普遍性を持った〝何か〟だということになります。しかし、この製品に対して考古学者はほとんど関心を持っていません。たとえば『縄文時代研究事典』を紐解いてみても、土器片円盤のことはどこにも書かれてはいません。「8字形付点文」という、「関東地方の後期堀之内2式土器に特徴的で、形式分類のメルクマールともなる」きわめてマニアックな文様は載っているのに、全国的に見つかる「土器片円盤」は扱われていないのです。

これはいったいなぜでしょう。私なりの答えを明かす前に、土器片円盤がどのような製品かということをもう少し詳しく見ていきましょう。

土器片円盤とは縄文土器の破片を、石器や木片などで打ち欠いて円い形に整形したものです。まれに打ち欠いた部分を磨いたものもあるようですが、多くは打ち欠いたままです。

大きさは、ほとんどが直径二～五センチ程度で、なかには二〇センチを超える非常に大型のものもあります。この大きなものは、北東北から北海道南部にかけて分布する六〇〇〇年ほど前の円筒土器文化の時期に見られます。小さな製品には、中央に直径五ミリほどの穴が開けられているものが少なくありません。しかし、大形のものには穴はないようです。

このようにさまざまなタイプのものがありますが、私は大きさの違いや穴のあるなしにかかわらず、これらはすべて同じ性質の製品であろうと考えています。考古学者によっては、穴の開いたものは糸を紡ぐための紡垂車、穴のない磨かれたものは釣り針など骨や角の製品を仕上げるときの研磨具、また、大形の製品は土器のフタとして考えているようです。可能性としてはどれも排除できませんが、私には土器のフタとしては湾曲が強すぎて使いものにならないように思えます。

ある学者によると、「これといった決め手になるような出土状態、及び定説はないが、大方、装身具か、玩具《おもちゃ》のどちらかでは」ということになり、なんともそっけない感じです。しかしこれが一番多い解釈なのかもしれません。

この製品が考古学ではとくに注目されないのは、一つには時代や地域を超えて普遍性を持っていることがかえってアダになっているからだと思います。数が多い割には形が単純なことも研究意欲が削《そ》がれるのかもしれません。しかし私は、この普遍性と数の多さ、形の単純さにこそこの製品の本質があるように思えるのです。

円盤状石製品と大森勝山遺跡

じつは、素材は違うものの、この土器片円盤に似たものとして同じく円い形をした「円盤状石製品」と呼ばれるものがあります。縄文時代の終わり頃にたくさん作られました。材料は土ではなく石ですし、もともと何かの製品を再加工したものではありませんから、土器片円盤との関係を持ち出すのはどうかと思われるかもしれませんが、何せ形が円いので、私はそこに関連性を見出したのです。

これらの二種類の製品がどのような遺跡から、どんな状態で出てくるのか気になるところですが、誰もそのことに注目していないので残念ながらそうした情報はほとんどありません。ただ、弘前《ひろさき》市の大森勝山《おおもりかつやま》遺跡だけは注目に値します。大森勝山遺跡は、古くからストーンサークルがある遺跡として知られており、二〇一二年に国指定の史跡になりました。また、世界文化遺産「北海道北東北を中心とする縄文遺跡群」の国内候補にもノミネートされています。

円盤状石製品は、この遺跡のストーンサークルの配石や竪穴住居の中からたくさん出ているのです。実数を確認していませんが、調査者の印象では相当な数のようです。私はそうした出土の様子からあることをイメージするのです。それはもちろん月のシンボリズムです。つまり、ストーンサークルなどの会場で行なわれたであろう呪術宗教的な儀礼に欠かせない道具の一つとして土器片円盤が登場したのではないかと考えました。

そうした視点から出土状態についてあらためて探ってみると、面白いことに気づかされます。東北地方の青森県泉山《いずみやま》遺跡、熊沢《くまのさわ》遺跡、秋田県の藤株《ふじかぶ》遺跡、岩手県の八天《はってん》遺跡、蒔前《まくまえ》遺跡、御所野《ごしょの》遺跡などでは、この土器片円盤は必ずといっていいくらい、土偶やミニチュア土器、また注口や皿などの祭祀的な器、そしてさまざまな土製品、石製品と共に出土しているのです。時期的な同時性を吟味したわけではありませんが、大いに疑ってかかるべきと思います。

また、北海道でも同じような資料に遭遇しました。たとえば函館市のとなりの七飯《ななえ》町の聖山《せいざん》遺跡では、私が祭祀的な儀礼が行なわれたと考える場所から数多くの土器片円盤が出土しています。土器片円盤はここでもたくさんの土偶や土製品、石剣などの石製品と共に見つかっているのです。ほかにも北海道苫小牧《とまこまい》市の静川《しずかわ》遺跡や函館市の陣川町《じんかわちょう》遺跡で、たくさんの蛇紋岩製の玉や黒曜石製のスポール（棒状の石材）、石剣、土偶などと共に、土器片円盤は遺跡に散乱した状態で見つかっています。

土器片円盤と円盤状石製品の意味

結論として土器片円盤は、縄文人にとっては、「蛇が縄文（縄模様）としてシンボライズされた土器のかけらである」ことに重要な意味があるのではないかと私は考えています。土器のかけらを円い形に整える（製品には三角形や四角形もあるが基本的には円）のは月の運行をシンボライズしているからではないかと思われるのです。

おそらく、三日月や月の運行を「三」や「四」という数にシンボライズしたのでしょう。縄文土器の口に付けられた突起の多くが四単位なのも同じ理由でしょう。穴が開けられるのは、それが祭祀的な遺跡に残されていることを考えれば、ペンダントとして身に付けるよりも、ほかの道具と組み合わされて祭祀の場で活躍したのかもしれません。おそらく大森勝山ストーンサークルの円盤状石製品も、この土器片円盤と同様の意味を持って作られたのだと考えます。

5　結論――どんな道具も月をシンボライズ

装身具として扱われているさまざまな土製品や石製品、さらには骨角製品、貝製品について、多くのページを割いて、縄文人がどのような意識でこれらを作ってきたのか考えてきました。これまでの研究では、ファッションやアクセサリーとして解釈されることが多かったこれらの製品も、「象徴」という概念を取り入れることで、縄文社会において、より重要な意味を持っていたことが見えてきました。

また、そうした道具の中に、貝や猪、鮫、熊、鯨といった動物がシンボライズされていることも指摘しました。結局、縄文人のものづくりには、土器や土偶、石器だけにとどまることなく、装身具と呼ばれてきたものについても「月のシンボリズム」が取り入れられていることが明らかになったと思います。

最後に、詳しく取り上げることのできなかったそのほかの道具の中から、「漆塗りの赤い櫛《くし》」について触れておきます。ネリー・ナウマンは、長野県藤内遺跡の土偶の頭に描かれた「トグロを巻く蛇」は月の水を運ぶことを象徴的に表現し、棚畑遺跡から出土した国宝の「ビーナス」のお盆状の大きな頭部に描かれた渦巻き模様も蛇をシンボライズしたものだと指摘しました。月の水を運ぶ蛇は、女性の髪にもシンボライズされているのです。ですから、髪に挿す櫛やかんざしもまた「蛇」に見立てられるのです（『蛇』『山の神』）。縄文人の櫛がどれも長いのはそのためです。長いものはことごとく蛇に見立てられると考えると、ほかにも多くの縄文製品を読み解けるように思います。

すでに指摘したように、石棒や石剣、石刀なども蛇のシンボライズと考えられます。数は少ないながらも全国各地で見つかっている骨刀も同類と見なしていいでしょう。骨刀は、鯨の下顎の骨で刀をデザインしたもので、およそ六〇〇〇年ほど前から登場します。この時代は、かの中国でもまだ金属の刀は作られていません。刀は、農耕や牧畜社会になってから戦いの道具として作られますが、おそらく最初は、呪術や祭祀に際して使われた道具だったのではないかと思います。縄文の骨刀には柬や刀尻などが表現されていて驚かされます。

第Ⅲ章　縄文人の大地のデザイン原理

大地は、単に下界とか地獄としてだけでなく、墓や穴としても基本的な容器の性格をもっている。穴は住居であり墓でもある。大いなる女性の容器的性格は、身体という容器のなかに胎児を庇護し、生まれてきた人間を世界という容器で庇護するだけでなく、死者を死の器である穴・墓・骨盤の中に連れ戻すものでもある。

――エーリッヒ・ノイマン（福島章他訳）

第一節　なぜ死者を穴に埋めるのか

1　コギ族から学ぶ

人はなぜ死者を穴に埋めるのか

人はなぜ死者を穴の中に埋めるのか――。考古学の長い歴史の中で、その問題について議論されたことがあっただでしょうか。私の知るかぎり、日本はおろか世界の考古学者の中でもこの問題が議論されたことはありません。あるいはこのようにいう考古学者ならいるかもしれません。「それが知りたくて考古学者は墓を掘るのです」

正直にいえば、じつは私もそのような疑問を抱いたことはなく、ごく最近になって考えるようになったのです。きっかけはもちろんネリー・ナウマンです。おそらく私も、ナウマンが援用したミルチャ・エリアーデの存在に気づかなければこの問題に取り組むことはなかったことと思います。

エリアーデは、コロンビアのコギ族の間で営まれた一六歳の少女の葬儀の様子を詳細に記述したライヘル・ドルマトフの報告を、『世界宗教史1』の中で紹介しています。この葬儀は一九六六年に行なわれたものです。

「墓所の選定ののちに、シャーマンは一連の儀礼的身振りを行ない、次のように宣言する。〝ここは死の里である。ここは死の祭りの館である。ここは子宮である。私は館を開こう。館は閉ざされている。私はそれを開こうとする。〟（中略）男たちは墓穴を掘るべき位置を示し、退場する。（中略）墓の底に緑色の小石、貝殻、巻貝が置かれる。ついで、シャーマンが重すぎるという印象を与えながら、死体を持ち上げようとする。そして九回目にやっと成功する。（中略）この葬式は二時間にわたって営まれた」

エリアーデは、考古学者が将来このお墓を発掘しても、二時間もの葬儀の内容を知ることはできないだろうといい、なかでも、なぜシャーマンが少女の遺体を九回も持ち上げたかは、まったくそのわけを知ることはないだろうと述べています。

そして、コギ族は、「世界――宇宙母神の子宮――とそれぞれの村、祭りの館、家、墓とを同一のものと見なしている。シャーマンが死体を九回持ち上げるのは、妊娠期間の九ヵ月を逆にさかのぼり、死体を胎児の状態にもどすことを意味する」というのです。

墓は子宮という考え方

私はこの一節を読み、異様な感動を覚えると同時に、情けない気持ちでいっぱいになりました。私はかつて伊達《だて》市の北黄金《きたこがね》貝塚で一四体の縄文人を発掘しました。しかし、恥ずかしながら、彼らがどのような葬儀をあの丘の上の墓地で執り行なっていたのかについて、そのときの私は考えませんでした。ドルマトフのこのような報告を読んでいれば、数千年のタイムラグはあるにせよ、私ももっと縄文人の葬儀について関心を向けたことでしょう。たとえば、北黄金貝塚縄文人がわずかな時間で葬儀を切り上げたとは思えません。コギ族と同じように、数時間にわたって葬儀を行なっていた可能性もあるのです。

また、私は、コギ族が墓を「子宮」に見立てていることにも驚きました。「墓＝子宮」という考え方は、まさに人類の根源的なものの考え方である「元型」の一つ「グレートマザー」によるものであることを思い起こしたのです。

縄文人が死者を穴に葬るのは、合理性や衛生上の理由からでなく、大地に墓としてデザインされた子宮＝母の体内に遺体を帰すという意味が込められているのではないでしょうか。なぜ母の体内に帰すのかといえば、もちろん「再生」させるためです。縄文人はそうして一万年間にわたって、子宮に見立てた穴を大地に掘り、葬儀を行なってきたのではないでしょうか。

考えてみると、縄文人のお墓は、その深さも大きさも形も、地域や時代によって異なります。しかし、深さや大きさに大きな意味があるわけではなく、肝心なのはおそらく死者を子宮に帰し、再生を願うということなのでしょう。縄文人にとってはまずは「墓を掘って死者を埋める」という行為が第一義的なものだったと思えるのです。

2　グレートマザーとは

子供はなぜ死んだペットを埋めるか

縄文人の墓づくりに関連してもう一つ、これは現代の話ですが紹介しておきたいことがあります。

ペットを飼っていた方なら経験したことがあるかもしれませんが、小鳥やハムスター、猫や犬などを飼っていて、それが何かの理由で死んでしまったとき、一昔前までは必ずといっていいほど、自宅の庭や近所の公園、近くの林の中などにお墓を作って埋めたはずです。そして葬った後は、土を山盛りにし、その上に板や木の枝などで墓標を立てたのではないでしょうか。

私の友人が教えてくれた話ですが、向かいの家のお子さん（幼稚園児）が、飼っていた虫が相次いで死んだとき、自宅の庭にお墓を作って葬ったというのです。友人はその墓を見て驚きました。小さなストーンサークルが二つ作られていたそうです。友人は感激して写真におさめました。

子供が作ったストーンサークル
（2008年4月）［青野友哉氏提供］

昨今は、ペット専用の火葬場や祭儀場ができたために、昔のようにペットを庭に葬ることがなくなったようですが、このような光景は一昔前にはどこの家でも見られたことではないでしょうか。ペットのお墓を作る行為も、基本的には動物を子宮に戻すための行為だといえるでしょう。しかしそれは、必ずしも親に教えられて行なうことではなく、子供の自発的な行為のようです。なぜ子供はこのような行動をとるのでしょうか。

その意味を考える前に、もう一つ取り上げておきたいことがあります。それは、段ボール箱の話です。私もなんとなく記憶がありますが、息子や娘が幼い頃、よく段ボール箱に入って遊んでいたということがありました。買い物などで大きな段ボール箱が手に入ると、子供たちの目が輝いて、その段ボール箱で一緒に〝家〟を作らされたこともありました。このことについても情報を集めてみると、子供がいるたいがいの家庭でよく経験された出来事のようです。

結局、子供たちは何をしているのかというと、子宮を作り、そこに入りたいという願望をかなえようとしているのだと思います。つまり段ボール箱で〝家〟を作ろうとするのではないでしょうか。子供がよく押し入れや部屋の中の狭い場所に入りたがるのも同じ行為だと思います。

グレートマザーから生まれるメッセージ

私は、ここに「グレートマザー」のなせる人間の根源的な心性に基づく行為を見て取ります。つまり、ユングのいう普遍的無意識の中の「元型」が機能しているのではないかと考えるのです。ユングの高弟エーリッヒ・ノイマンが深く研究したグレートマザーは、人間の根源的な心性を形作っているものの一つであり、これがあるために私たち人間は、母親への郷愁を「子宮」に求めます。子宮は、人間なら誰もが、そこで暮らした記憶が脳の中にインプットされているからです（『元型論』『意識の起源史』『グレートマザー』）。

縄文社会は自然との折り合いのうえに成り立っている社会で、そこでは人間の根源的なものの考え方が育《はぐく》まれるのです。もしこの時代に段ボール箱があれば、子供だけでなく、大人もみんな段ボール箱に入っていたかもしれません。

しかし、現代社会にあっては、大人になるにつれてグレートマザーがもたらす行動や意識はなくなっていくのでしょう。グレートマザーから生まれた「死と再生」のイメージは、母なる子宮を象徴とします。子宮は、縄文人にとっても自分が生まれた場所であり、死から蘇《よみがえ》る再生の場所でもあるのです。そして、その子宮を持つ女性の生理とまったく同じ運行周期を持った月もまた、「死と再生」を象徴するものとして崇《あが》められるのです。

縄文人がなぜ月をシンボライズするようになったのか。それは、単に日本列島の縄文人だけのイメージの問題ではなく、人類に普遍の考え方であることを私はナウマンから学びました。

3　円と楕円の意味

縄文人の墓づくり

ここからはいよいよ縄文人の墓（埋葬の仕方）を見てみることにしましょう。北海道から九州、沖縄まで一番多い埋葬の形は、地面に穴を掘って遺体を埋める墓穴（土葬）タイプです。墓穴にはいろいろな形が見られますが、一番多いのは円形と楕円《だえん》形でしょう。数は少ないですが長円形や長方形、四角形、さらには円形でも口と底の大きさの異なるフラスコ形など、ほかにもさまざまなタイプが確認されています。

円形と楕円形のお墓では、遺体は体と手足を折り曲げて埋められています。体と手足を伸ばしたまま埋められる場合もありますが、その場合は墓穴の形が長方形や長円形となっています。貝塚に埋められた場合には、貝殻のカルシウム成分が人骨に作用して腐食を防ぐため骨は数千年経ってもきれいに残っています。だから、埋葬姿勢もよくわかります。

この項の冒頭で、なぜ人は死者を穴の中に埋めるのかということを考えてみましたが、そのことは墓の形とも関係しています。先述のとおり、墓=子宮というのが答えでした。縄文人だけでなく人類はすべて、ユングのいう根源的な元型の一つ「グレートマザー」の心性を持っており、大地に墓＝子宮を作らせるのです。

縄文人が墓の形の多くを円形と楕円形にデザインするのは、隠喩《いんゆ》つまりレトリックだと思います。円形や楕円形を子宮の形に見立てたのです。もちろん、縄文人が人体を解剖して子宮の形を確認したわけではないでしょう。しかし、人間は誰もがそこから生まれてくるのですから、誰に教えられなくてもイメージすることができたのでしょう。それがグレートマザーのなせるわざなのかもしれません。

円形の意味

私は、子宮に見立てた円形や楕円形の墓に非常に興味を持っています。なぜなら、縄文人の竪穴《たてあな》住居の形もまた、その多くが円形と楕円形だからです。それだけではありません。ストーンサークルや北海道の周堤墓、盛土遺構も基本的には円形ですし、集落のデザインにも円形の配置が用いられています。

能登健《のとたけし》がすでに指摘していますが（『縄文時代』）、ストーンサークルは、じつは円形というよりも正確には角の円い方形といったほうがいいような形（能登のいうストーンスクエアー）をしているのです。竪穴住居やお墓にも、数は多くはありませんが、やはり方形のデザインが見られます。

　私は、それは縄文人のシンボライズの在り方がどこかで何かに大きく影響を受けた結果からそうなったのではないと思います。たとえば、四つの突起を持つ縄文土器は、円形なのに上から見ると正方形です。円形と正方形の土器は、基本的には同じものだと思います。正方形の土器は円形の土器の四隅に何かの価値付けが行なわれているだけで、どちらも子宮の円形が基本だということです。楕円形と長方形の関係も同様に考えることができます。

　つまり、正方形や長方形でも、子宮との関連性はあるのだというのが私の考え方です。ただし、正方形や長方形の持つ〝四〟という数の意味については、まだはっきりしたことをいえません。新月、満月、上弦、下弦といった四つの月相観や東西南北の方位観、春夏秋冬の季節観以外にも、縄文人独特の〝四〟にまつわる思想があったのかもしれません。それは今後の課題とさせてください。

4　フラスコ状ピットは貯蔵穴か

縄文文化に欠かせない貯蔵穴

一万年続いた縄文の歴史を語るとき、必ず出てくるものの一つに「貯蔵穴」があります。縄文時代を通してほぼ全国で作られたとされますが、その穴が圧倒的に多いのは北海道を含む東日本の遺跡です。縄文遺跡の東日本への偏りを考えると当然そうなるのですが、そのわりには貯蔵したもの（ドングリやクルミなど）が確実に見つかるのは関東甲信越や東北であり、北海道の遺跡ではあまり例が見られません。

貯蔵されたものが発見された例では、岡山県南方前池《みなみがたまえいけ》遺跡で見つかった直径一メートルほどの大きな穴が有名です。その穴の中にはドングリとトチの実がたっぷりと入れられていました。水に浸《つ》かった状態だったことから腐らずに残っていました。これ以外にも、西日本では数多くの保存物付き貯蔵穴が見つかっています。

フラスコ状ピットの一般的な解釈図：弘前市藤田記念庭園考古館展示パネル［大島撮影］

ところで、東日本の遺跡から見つかっている貯蔵穴というのは、「フラスコ状ピット」や「袋状土坑」などと呼ばれる、ちょっと変わった形の貯蔵穴です。直径一メートルくらいの口を持ち、直径二メートルほどの平らな底面となっていて、深さはだいたい一メートル以上で、なかには二メートルを超えるものもあります。断面形が実験器具のフラスコに似ていることからその名が付きました。

人骨も入れられた穴

しかし、こうした穴が貯蔵穴であるという確かな根拠はありません。口がすぼまっているという形態的な特徴から想定されているに過ぎないのです。そこでいくつかの例をもとに、これも子宮をシンボライズしたものと私は考えてみました。

きっかけとなった遺跡は、北海道函館《はこだて》市の臼尻《うすじり》B遺跡です。この遺跡からは五〇〇〇年前の住居がたくさん発掘されましたが、ある住居の床に掘られたフラスコ状ピットの中から、なんと親子と思われる二体の人骨が見つかったのです。

この住居はとても大きいもので、九×五・二メートルもあります。住居の床は焼け落ちて炭になったものすごい量の建築材で被《おお》われていて、床そのものも真っ黒にこげていたそうです。調査者は、この住居は副葬品をたくさん添えて親子二人の遺体を埋葬した後、家に火を放ったから、家の構造材が焼け落ちてしまったのだろうと述べています。

この遺跡にはほかにも同じようなフラスコ状ピットのある竪穴住居がいくつかありますが、人骨は残っていませんでした。二人の人骨が出たフラスコ状ピットには、貝が副葬されていたために腐食をまぬがれ、人骨が遺《のこ》ったのです。

同様な例はほかにもあります。たとえば同じ北海道の八雲町《やくも》栄浜《さかえはま》遺跡です。これもやはり五〇〇〇年ほど前の遺跡です。ここでは、住居の中に作られていたわけではありませんでしたが、一九カ所のフラスコ状ピットが見つかっています。そのうちの五カ所からは人骨が出てきました。またほかの二カ所からは貝がたくさん見つかっています。

少し離れた地点からは、一〇〇カ所を超えるフラスコ状ピットが見つかり、人骨が発見された穴もありました。とくに「一八五号」と名付けられた墓からは、九体もの人骨が発掘されています。

フラスコ状ピットの用途

本州の遺跡にも興味深い例があります。たとえば、人骨は見つかりませんが、秋田県の大湯《おおゆ》遺跡や伊勢堂岱《いせどうたい》遺跡などの集落を伴わないストーンサークルの外側から、フラスコ状ピットが出ています。どうやらフラスコ状ピットの用途は、必ずしも貯蔵用だけではないようです。貯蔵穴をお墓に転用したとの解釈もあるようですが、最初からお墓だった可能性も十分に考えられます。

八雲町の栄浜遺跡の一〇〇カ所を超える貯蔵穴も、ものを貯蔵するだけのものなら、あまりにも数が多すぎるような気がします。一般的には、ドングリなどの堅果類を貯蔵すると考えられているようですが、そもそも北海道では堅果類への依存度が低く、したがって貯蔵穴もこれほど必要ないのではないかと私は思います。私の虫歯の研究でもそのことには言及しました。

さて、次に気になるのがその形です。フラスコ状の形は何をシンボライズしているのか。それはもちろん子宮だと思います。

ここでも、エリアーデが紹介したコロンビアのコギ族の世界観が思い出されます。コギ族は、村も家も墓もすべて子宮であると考えているのです。家の中になきがらを埋葬していた函館市臼尻B遺跡の例もコロンビアのコギ族同様、縄文人にとって家は墓と同一であり、死者を埋葬すべき場所として考えていたのではないでしょうか。

関東地方の遺跡からは、ある時期に、家の中から遺骨が多く見つかる例がありました。これは「廃屋葬」（あるいは「家屋葬」）と呼ばれています。これもやはり子宮のシンボライズと同じ原理で葬られたように思います。

5　結論――墓穴は子宮のシンボライズ

私たち考古学者は、道具の形がその機能と密接に結びついていると考えてきました。しかし、これまで再三述べてきたように「月のシンボリズム」を念頭に置いて考えてみると、縄文時代の道具や施設は必ずしも機能性だけで作られているわけではないことがわかってきたと思います。私もまさか矢じりやナイフが動物を象徴しているなどとは思いもしませんでした。ましてや、人を葬るお墓や人が暮らす住居の形に、実用性以外の意味があるとは思いもよりませんでした。

ところが、ミルチャ・エリアーデが紹介したコギ族の少女の埋葬儀礼から、縄文人の墓は子宮の象徴であることを私は確信しました。じつは民俗学者の吉野裕子は、沖縄の御獄《うたき》を考察する中で、私と同様な印象を述べています（『祭の原理』）。

「連想好きな私どもの祖先は、人間の死を人間の生誕とは逆の方向からとらえて、死者を母の胎に象ったところに納め、そこから常世の国に送り出す、新生させることが出来ると信じたのではなかろうか。その場合の母の胎はもちろん人工的なもので、この疑似母胎がつまり墓所である。海岸の岩窟も、山裾の空地も、各所の洞穴も古代人によって母の胎になぞらえられた墓所であった」

吉野はさらに、沖縄には「人は死んで女性の胎を通って元に帰る」という「帰元思想」があり、また、「人間は二寸に四寸の穴から出て、二尺と四尺の穴に入る」という言葉があるといい、たとえば、「石垣市の真乙婆御獄ではイビ（御獄の中の円形の空所で女陰を象徴する）の前にアーチ型の門をおき、低い石垣をめぐらせている。両足を思わせる別の石垣が入り口から左右に開いていて、人が死んでふたたび母の胎に入ることを暗示している。このアーチの意味するのは二寸と四寸の穴であろう」（『　』内は大島）と述べています。

石垣《いしがき》や八重山地方は、じつは縄文文化の圏外です。しかし、今もこの地方に残されている埋葬の仕方は縄文人の精神性に通じるものがあると思います。また、かつてロシア人民俗学者ニコライ・ネフスキーが採録した八重山地方の月の民話には、時空を超えた人間の根源的なものの考え方が色濃く残されています（『月と不死』）。

ちなみに、吉野は「連想好きな私どもの祖先」という言い方や「連想豊富の擬《もど》き好き」といった表現をしています。また、「彼らは抽象的な思惟を苦手とし、ものごとを考えるとき、それを日常身の廻りにいつもみることの出来る現象、事象にあてはめて考えることが好きな人々であった」として、「擬き・なぞらえ」によってものを考えることを得意としていたといっています。これはとても重要な指摘です。第Ⅰ章で述べましたが、まさに言語学でいうところの「レトリック」です。つまり、彼らが墓を子宮と考えた背景には、単に月をシンボライズしただけではなく、象徴を具体的に形に表現するために「隠喩」というレトリックを使っているのです。

縄文人も、間違いなくお墓を子宮になぞらえたのだと思います。八重山と同じような「帰元思想」によるものでしょう。しかしこれは、何も八重山の文化が縄文文化に伝播《でんぱ》したり、あるいはその逆であったりしたのではなく、人間が根源的な思考方法として持っている隠喩や換喩《かんゆ》といったレトリックを使っているからに他ならないのです。文化伝播論だけでは、決して縄文文化の精神性を読み解くことはできないと私は思います。

第二節　竪穴住居になぜ住むのか

1　家の形

旧石器時代の住居

竪穴住居は、縄文時代が始まると同時に作られてきた家です。かつては縄文遺跡の少ない地域だった鹿児島県下から近年、もっとも古い竪穴住居が続々と発見され多くの考古学者を驚かせましたが、現在では全国各地で見つかるようになりました。集落と呼べるような遺跡もたくさん見つかっています。

さらに近年は、旧石器時代の住居も見つかっています。たとえば北海道千歳《ちとせ》市柏《かしわ》台《だい》1遺跡では、「ブロック」と呼ばれる石器がたくさん集まった場所が一五カ所も見つかりました。ちょうど縄文の竪穴住居と同じような大きさのブロックで、全体的には縄文の集落のように円形に分布しているのです。おまけに、どのブロックにも中央には炉跡まであります。私が見るかぎりでは集落遺跡ですが、調査者は、「住居とはいえないまでも、当時の人々の生活の場と見なしてよいだろう」と控え目に述べています。

全国で見つかり出した私が住居と考えるこうした旧石器時代の遺構からも、すでに縄文人の祖先は竪穴住居を完成させていたことがわかります。柏台1遺跡の場合は、竪穴にはなっていませんが、土の堆積《たいせき》の関係で掘り込んだ穴が見つけにくいだけのような気がします。

なぜ住居は円形なのか

ところで縄文の竪穴住居の形ですが、最初は円形に作られています。柏台1遺跡から見つかった旧石器時代の住居も、石器の散らばり方から見ると円形であったことが推測されます。

じつは、縄文時代もそれ以降の時代も、家の形がどのようにして決められたのか、竪穴の深さや柱の位置や数には意味があるのか、まったくわかっていません。それどころか、なぜ家を竪穴にしたのかといった根本的な問題についても、誰にも解き明かされてはいません。日本列島では、少なくとも九世紀（平安時代）に至るまで庶民は竪穴住居に住み続けていたにもかかわらずです。

現代に生きる私たちは、誰でも壁と床のある地上の住居に住みたいと思いますが、縄文時代は、高床構造の建物（倉庫という説が一般的）を発明しているにもかかわらず、竪穴式の住居から離れようとしないのです。考えてみるとこれはとても不思議なことです。いったいそれはなぜなのでしょう。

もし彼ら縄文人が、寒さ対策などの合理的・機能的な理由で竪穴構造にこだわっていたとしたら、私たち考古学者は、彼ら以上に合理的で機能的な考えに長《た》けているのですから、いくら何でもそろそろその理由を解明してもよさそうなものです。しかし残念ながら、いまだ万人が納得するような答えは出されていません。だとすれば、少し立ち止まって別な角度から考え直してみる必要があるのではないでしょうか。

おそらく縄文人は、私たち現代人が考えているような、合理的・機能的な考え方では住居を作ってはいないと思います。彼らの独特なものの考え方の中から、竪穴という構造が決められ、深さや柱の数、囲炉裏の位置、屋根の形などが厳密に決められていたのではないでしょうか。

そのような住居に対する、とくに「竪穴」構造に対する基本的な考え方は、弥生時代や古墳時代になっても変わることなく受け継がれているわけですから、経済や社会の変革にも動じない、確固とした「居住哲学」が日本列島には存在したと見るべきかもしれません。そこには、人間の根源的な心性に根ざした、きわめて精神的な、つまりミルチャ・エリアーデがいう呪術宗教的なものの考え方が横たわっているように思います。

アイヌの家に関する田中基の考察

　そこで、そうした人間の根源的なものの考え方と住居の関係について、ヒントになる事例を見ていきたいと思います。まずは家を女性の身体に見立てているアイヌ民族の考え方から、縄文の竪穴住居を子宮に見立てた人類学者の田中基の意見に耳を傾けたいと思います（『縄文のメドゥーサ』）。

　田中は、アイヌの家に関する考え方を、アイヌ民族の言語学者である知里真志保《ちりましほ》の報告から引用しています。アイヌは屋根を「チセ・サパ（家の頭）」、壁を「チセ・ツマム（家の胴）」、屋内を「チセ・ウプソル（家のふところ）」と呼ぶことに触れ、窓やひさしを鼻やまつげに見立て、家の構造材は「精霊の骨格」であり、葺《ふ》いた萱《かや》は「その肉」だと紹介しています。

　そして、「そのような家に魂をもたせるためには炉の中に火を焚かねばなりません。新しい家にはじめて火を焚くことをチセ・ラマチ・ア・コレ（家に魂をもたせる）といい、炉に対する点火がいかに家に生命を吹き込むために必要か、を語っています」と述べ、ユーカラに謡われた内容などからもアイヌ民族が家を女性の身体と見ていることを指摘しています。

知里は報告の中で、チセ・ウプソルを「家のふところ」と訳していますが、田中はこれを、「チセ・ウプソルは子宮の意味があり文字どおり子宮と訳したほうが、屋内のもっている暗闇空間と、その中で寝起きする人間の意味を端的に表わしていると思われます」と指摘し、最後に「女性の子宮は新しい人間の生命が生み出される容器ですし、炉は生命を育む食物を加工、変容させる源で、生命をつかさどる重要な家・炉・女性子宮をむすびつけたアイヌ民の世界観の深さには驚かされます」と結んでいます。

家を子宮になぞらえるというシンボリズムは、アイヌ民族だけでなく、広く世界中に見ることができるようです。エリアーデが紹介したコロンビアの先住民コギ族が、村も祭祀《さいし》場も家も墓も、すべてを母の子宮と同一に考えていることは、ここでも重要な意味を持つのです。

圧倒的に多い円形の家

縄文から古墳に至る時代の日本列島の住居構造を調べた石野《にしの》博信《ひろのぶ》によれば（「考古

学から見た古代日本の住居」)、円形(楕円形も含む)タイプの竪穴住居と方形タイプの住居は、時代や地域によってゆるやかに偏在していて、圧倒的に多いのは円形タイプだといいます。住居の発掘例のもっとも多い五〇〇〇年前後の時期には、およそ八〇パーセントが円形タイプだそうです。

円形タイプの家は、弥生時代の後半から地域によっては古墳時代の前半にかけて、ほぼ方形タイプの家に変わっていくようです。ただし、住居構造の中心が竪穴であることには変わりがありません。

沖縄にも竪穴住居

竪穴住居というのは、もともと寒冷地仕様の住居だと考える人が多いのですが、竪穴住居は縄文時代の沖縄にもあったのです。そもそも、暖かい沖縄に竪穴住居があること自体が不思議です。縄文時代の一万年間、なぜ暖かい気候の中で暮らす沖縄縄文人が竪穴住居に住まなければならなかったのでしょうか。その合理的な理由は見つかりません。沖縄は台風が多いから屋根を低く構える必然的理由があるので半地下式にするのだという意見もあるようですが、説得性に欠けます。

他方、北海道縄文人の事情にも同様に不思議なことがあります。北海道では、擦文時代(八世紀～一二世紀)になると、本州からカマドを導入しています。それと同時に、本州と同じく方形の竪穴住居に変わるのです。私はこのカマドが北海道ではあまり機能していなかったのではないかとかねてより考えていました。なぜなら、北海道では米が作られていないからです。カマドは、基本的には米を炊くために発明されたものなのです。

こうした歴史的変遷を踏まえながら、住居の形と竪穴構造の意味を考えてみると、やはりその精神性を無視して家を語るべきではないと思うのです。

たしかに、円いタイプが古くて四角いタイプが新しいというような変遷過程を見て取ることは可能ですが、アイヌ民族をはじめ世界中の民族の例を見ると、竪穴構造から壁立ち構造の住居に変わっても、そして円から四角いタイプの住居に変わっても、屋根や窓、柱や壁、囲炉裏などにはさまざまなシンボライズが息づいていて、単に合理性や機能性だけで家の構造が成り立ってはいないことに気づかされます。

家の形にも人類普遍の心性

つまり、世界中のさまざまな例から考えると、おそらく人類の根源的な心性に基づく家づくりの考え方は変わることがないのだと思います。とくに半地下に家を作ることは、子宮のイメージと強く結び付いているのではないかと思います。農耕文化が始まり、徐々に合理性に根ざした文化が広まっても半地下の家が容易にはなくならなかったのですから、それほど子宮に対する信仰は強いものだったと考えるべきでしょう。

こうして見ると、沖縄の竪穴住居はけっして台風対策ではなく、あくまでも子宮信仰という象徴的な意味から作られたのだと思います。また、北海道のカマド付き竪穴住居も、米を炊くためではなく、縄文時代に本州からもたらされたヒスイや猪の牙《きば》と同じく、あくまでも呪術宗教的な象徴的意味があったからこそ導入したのではないでしょうか。

縄文人の竪穴住居は、アイヌ民族やコギ族よりも、もっと根源的な思考の中から生み出されたものであろうと考えられます。とくに縄文人がこだわった楕円形の墓は、胎児の形にして死者を子宮に戻す場所としてのイメージがあったからに違いありません。住居もやはり墓と同様に子宮のシンボライズであり、レトリックだといえるでしょう。

2　屋根の形を推理する

復元される竪穴住居

現在、国の史跡として指定されている縄文遺跡は全国に一五〇カ所くらいあります。昨今は、国指定の史跡は原則的に遺構の復元が求められ、縄文遺跡の史跡ではたいがい住居が復元されます。ストーンサークルなどの遺跡を除いたとしても、かなりの数の遺跡で住居が復元されています。たとえば私が発掘し整備した北海道伊達市の北黄金貝塚でも、四〇〇〇年前の竪穴住居を三軒復元しました。その体験からいうと、データがあまりにも少ないため、住居の復元はとても難しい作業だったというのが率直な感想です。

遺跡からは、火災で焼け落ちた住居が見つかる場合もあります。そういう住居では、柱材や屋根材が炭になって遺っています。私たちは、全国各地のそうしたデータを繋《つな》ぎ合わせて、最後は「エイヤー」と復元するのです。はっきりいって、北黄金貝塚の復元した竪穴住居もその形が本当に正しいかどうかはまったく自信がありません。正しいと思えるのは、せいぜい柱の数と囲炉裏の位置だけです。

縄文の住居復元で一番難しいのは、何といっても屋根です。屋根こそまったくといっていいほどデータがありません。現在はこの方面の専門家の研究成果に基づいてさまざまな復元が行なわれますが、それでもやはり難しいようです。

縄文の家がわかる石製品

そうした中で、一九九七年に北海道八雲町の栄浜1遺跡から、度肝を抜かれるような資料が見つかりました。軽石で作られた「縄文時代の家を模した石製品」です。時代は四〇〇〇年前だそうです。それは「隅丸長方形か隅丸方形に近い平面形をした入母屋造りの屋根と壁からなる」構造でした。これほど直接的に縄文の家がわかったことはありません。

家形石製品：北海道栄浜１遺跡
［八雲町教育委員会提供］

私はほとんど根拠のないまま北黄金貝塚の四〇〇〇年前の竪穴住居を復元しましたが、結果的にはこの軽石製品と同じ形に仕上がっていたので、それを知ったときには本当に驚きました。どちらも屋根の部分は入母屋造りでした。しかし問題がないわけではありません。私が復元した家の本体部分は、素直に解釈すると壁立ち構造なので、まるで近世の民家を見ているようなのです。百歩譲って、屋根の入母屋は認めるとしても、壁立ち構造についてはもう少し検討したいと思っています。

じつは、北黄金貝塚の住居復元に際しては、ある建築の専門家との見解の違いが明らかになりました。建築家は、壁立ち構造の入母屋造りを提案してきましたが、もちろんその根拠は何もありません。最終的には、私の独断で高さ一メートルに設計された壁は取り除きましたが、それよりも納得できなかったのが入母屋造りの屋根でした。しかし、こうした証拠が出てきた以上、建築家の意見が正しかったと今では認めざるを得ません。そうなると、私の独断で削除した壁についても、何となく後味の悪い思いが残ります。

ところで、全国各地で復元された縄文住居の上屋を見てみると、竪穴の形が円形であれ方形であれ、屋根の多くは「入母屋」か「切り妻」に復元されています。見た目が悪いということかもしれませんが、円錐型の屋根は案外少ないようです。

これまで私は、住居を単純に構造的な観点からだけで見ていました。しかし、シンボリズムという観点を導入する以上、そう簡単に入母屋と切妻に妥協してしまうわけにもいかなくなりました。栄浜1遺跡の見事な軽石製品も、縄文住居を普遍的に表現しているわけではないでしょう。こうした製品に作り上げるということは、むしろ何か特殊な建物を表わしている可能性も否定できません。

家と蛇とのかかわり

そこで、民俗学者の吉野裕子の意見にまた耳を傾けてみたいと思います。
吉野は、諏《す》訪《わ》神社上社《かみしゃ》（前宮《まえみや》）の冬祭りである「御《み》室《むろ》神事《しんじ》」が、古来、御神体の蛇を土室に籠《こも》らせる神事であることを取り上げ、その土室は、まさに縄文時代の竪穴住居に相似していて、「家屋そのものが蛇に見立てられ、神事のため必要不可欠な呪物として考えられていた」と述べています。そして、「このトグロを巻く蛇に見立てられた円錐形の家屋は、はるか後代の現代に至るまで祭りに際して各地で設けられている」と指摘しています。

また、いわゆる「どんど焼き」（吉野は「トンド焼き」と呼ぶ）についても触れ、「日本各地のトンドは多く円錐形に構築され、ことに石見・出雲のトンドには蛇のウロコの象徴と思われる菱形の飾りが必ずどこかに付けられている。そうしたことは元の意味がどこかに残されている証拠である」といっています。

さらに興味深いのは、こうした土室は現在でも「トンド」あるいは「カリヤ」とか「グロ」と呼ばれる円錐形の仮家屋として造られているらしく、「それはすべて蛇のトグロの造形であり、カリヤを造立すること、すなわち神迎えであった。そのカリヤの内部は蛇の胎内、または人工疑似母胎として見立てられ、人はそこに籠り、そこから出ることをもって、蛇の脱皮を擬き、あるいは新生の呪術としたのである」と結んでいます（『蛇』）。

つまり、吉野の解釈から考えられる縄文の竪穴住居は、その内部は母なる子宮に見立てられ、さらに、それを覆う円錐形の屋根は蛇のトグロに見立てられるわけです。このことは、まさに人間の根源的な心性の元型「グレートマザー」に根ざした習俗であり、今なお長野県の諏訪神社をはじめ、全国各地の神社にそうした縄文呪術の痕跡《こんせき》が認められることに驚かされます。

だとすれば、くだんの栄浜1遺跡の軽石製品も、案外蛇のトグロを象徴的に表わしている可能性もあります。さらには、北黄金貝塚から大量に見つかった北海道に特有の磨《す》り石（北海道式石冠）も、あらためて同様の観点から再検討してみるのも面白いかもしれません。

3　竪穴の深さと柱の数に意味はあるか

二メートルを超える竪穴

北海道函館市の大船《おおふね》遺跡における四〇〇〇年前の竪穴住居は、発見当時、その深さが話題を呼びました。二メートル二〇センチという竪穴の深さは全国的に見ても例がありません。人の背丈以上の深さですから、普通に考えても出入りには一工夫必要だったに違いありません。相当な深さですから梯子《はしご》がかけられていたかもしれません。それにしても函館の縄文人はなぜこのような深い住居を作ったのでしょうか。

日本一深い竪穴住居：北海道大船遺跡
[函館市教育委員会提供]

深い竪穴の発見が話題を呼んだことから大船遺跡は国の史跡に指定されました。史跡整備（復元）のための有識者会議の中で、さっそく出たのが住居の二階建て説でした。この竪穴住居にはおそらくクリやクルミを乾燥させたりするスペースとして、二階部分が作られていたのではないかというのです。非常に面白い考え方ですが、この説にも根拠はありません。これまで述べてきたように、縄文人はそれほど合理的な考え方をする人たちではなかったはずなのです。

もし本当に、食料獲得・保存用としての効率的な二階建て住居が確立されていたのなら、列島中で深い竪穴の住居を作っていたはずです。フラスコ状ピットの貯蔵穴説には賛同できませんが、縄文人がほかにもたくさん貯蔵穴を作っているのだとしたら、それほどの労力を使ってまでさらなる貯蔵施設を作る必要があるようには思えません。第一、これも前に指摘しましたが、北海道縄文人の堅果類への依存度はとても低いのです。堅果類の依存度の高い本州でなら二階の貯蔵スペースも理解できますが、北海道においては違和感があります。

じつは、この地域の縄文遺跡では、六〇〇〇年ほど前から竪穴住居を深く掘る傾向にあるのです。住居だけではありません、大船遺跡ではお墓も深く掘られています。一メートルを超える深さのお墓もあるようです。

竪穴住居には規格があった

ところが面白いことに、竪穴住居の〝設計プラン〟（平面形）というのは案外と規格が決まっているのです。縄文土器ほどではありませんが、形や柱の数、囲炉裏の位置や大きさは地域ごとに似ています。何か共通性を持たせる理由があったからでしょう。しかし、穴の深さにはそうした意図的なものが感じられません。きちんと調査したわけではありませんが、同じ遺跡の中でも深さはバラバラなような気がします。

ようするに、平面形には柱の数や囲炉裏の位置なども含めて、遺跡（ムラと呼び換えるほうがわかりやすい）の〝垣根〟を越えて守らなければならないルールがあったようですが、その深さについてはそれほど強い規制が働いているわけではなく、ムラごとに自由に、場合によっては個々の家を作るたびに決められていたのではないかと想像されます。もちろん「強い規制」とは、「シンボリズム」と言い換えてもいいと思います。

これまでも検討してきたように、竪穴住居が「月のシンボリズム」によって子宮に見立てられたとするならば、それを表現する際には、平面形はもちろん深さにも何らかの意味があったのだと考えられます。しかし、平面形が屋根の形や柱の数、囲炉裏の位置などとの関係からより厳密に決められるのに対し、子宮のシンボル表現上、深さをどのくらいにするかは、個々のムラの専決事項だったのではないでしょうか。函館市南茅部《みなみかやべ》地域の遺跡の住居やお墓が相対的に他地域よりも深いのは、この地域独自の縄文人の子宮に対するこだわりがあったと考えることができます。

竪穴住居の柱穴

次に、竪穴に遺されている柱穴に目を向けてみたいと思います。

竪穴住居の柱が必ずしも家の構造上の発展を示す指標ではないことは、三五〇〇年ほど前から全国的に棟持柱を中心とした頑丈な家の構造ではなくなることからも明らかです。この時期は竪穴の壁際にたくさんの小さな柱穴が掘られています。ごく普通に考えれば、平面形が円形ですので、細めの柱をたくさん立てて円錐形に屋根が葺かれたのではないかと想像できます。

それ以前の住居に四本あるいは八本の頑丈な太い柱が立てられたと思える大きな柱穴が見つかっていますから、見た目はそう変わらないとしても構造的にはかなり劣っていたのではないでしょうか。そうした住居の変遷の様子からも、柱が住居の構造上の発展を示していないと考えることはそれほど間違った想像でもないように思えます。

常識的には、時代が下るに従って住居の構造は堅牢に、しかも居住性豊かに造られてもよさそうに思いますが、残念ながら縄文人と私たちの考え方には相当な開きがあるように思われます。そもそも、現在の私たちが住環境に求める居住性と、彼らが求める居住性は一致しないということです。縄文人が求めているのは「暗い」「換気しない」「乾燥させない」という条件なのかもしれません。

北海道長万部《おしゃまんべ》町に面白い事例があります。八〇〇〇年ほど前のオバルベツ遺跡です。その竪穴住居はなんと、左右の台地にはさまれた沢の中に建てられているのです。浅い沢ではありますが、沢の両側には風通しのよい場所がないわけではありません。しかし、そこを避けてわざわざ排水の悪い沢に建てているのです。案の定、住居の調査中に前日の雨水が流れ込み、なかなか床が乾きませんでした。

不思議な立地の竪穴住居はほかにもいくつかあります。いずれも北海道ですが、今度は七飯《ななえ》町の桜町《さくらまち》7遺跡です。ここでも、明らかに豪雨の際には鉄砲水に襲われそうな猫の額ほどの川岸に、長期間にわたって集落が作られていて、四〇〇〇年ほど前には洪水にあっていることが住居内に流れ込んでいる大量の土石によってわかりました。

そうなるとさすがにここでは住めないと判断したらしく、遺された住居跡に洪水の石を片付けた形跡はありませんでした。しかし、同じ時期に建てられたと思われる住居がほかに三軒あるところを見ると、やはりこの場所にとどまっていた人々もいたのです。次の時代にも住居を作っているところを見ると懲りるどころか、縄文人の家を構える場所へのこだわりの複雑さを見るようで、じつに興味深く思います。

縄文人の家づくりの考え方

こうした彼らのムラや家に対する考え方を念頭に置きながら、ふたたび柱について考えてみることにします。おそらく、縄文人にとっては柱の数や位置、太さは、単に構造上の問題だけで決められているわけではなく、ましてや居住空間の快適さなどでは決められていないことがわかります。そう考えていくと、たとえば五〇〇〇年ほど前から出現する太い柱穴も、頑丈な家を構想していないような気がします。家の大きさには不釣り合いなほどに太い柱穴も多いのです。むしろ、彼らがこだわっているのは、柱の数だと思われます。

先の石野の研究に示された全国の縄文住居のデータを私なりに整理すれば、縄文時代の中頃から四ヵ所、五ヵ所、六ヵ所の大きな柱穴のある住居がとても多くなってきます。住居の形は円形や楕円形が多いようですが、正方形や長方形（角の取れた形だが）も少なくありません。

四ヵ所の穴は、円形や方形の住居に二対に配置されることがほとんどで、五ヵ所の場合は、円形の住居に五角形をなすように配置し、楕円形住居の長軸方向のどちらか一方に、棟持柱用と思えるように掘られています。六ヵ所の穴は、楕円形や長方形の住居にシンメトリーの左右三対に配置されている場合がほとんどです。

私は、円形と方形といった形の差には、彼らの子宮の表現形の違いが表われているだけで、本質的な意味の違いはないと考えています。それよりも、〝全国共通〟の柱の位置と数の方に、必ずや何か重要なレトリックが隠されているように思えてなりません。というのも、縄文土器の突起の単位の多くが〝四〟単位なのです。とくに四〇〇〇年から六〇〇〇年前は、この単位数が隆盛しています。関東から中部山岳地方にかけては、この土器の四つの突起が蛇に見立てられることも見逃せません。

印象で話さなければなりませんが、長い伝統を持つ信州《しんしゅう》諏訪神社の御柱祭《みはしらさい》では、山から曳《ひ》きおろす樅《もみ》の大木はやはり蛇に見立てられています。そしてその大木を上社の本宮《ほんみや》、前宮と下社《しもしゃ》の春宮《はるみや》、秋宮《あきみや》に、それぞれ四本ずつ立てるのです。なぜ四本かという問いに、明確な答えはないようですが、私は縄文時代の蛇にまつわる伝統が受け継がれていると見ています。四本という柱の数にも、縄文マジックナンバーとしての意味が失われてはおらず、さらには、青森県の三内丸山《さんないまるやま》遺跡の巨大なクリの六本柱の〝六〟も、そもそもが住居の柱の数に起因した数字であろうとにらんでいます。縄文住居の柱の数は、四本と六本が多いからです。

そして、土器であろうと竪穴住居の柱であろうと、あるいは家の外に建てられた巨大な柱であろうと、それは等しく蛇がシンボライズされていると見ていいでしょう。つまり家中の柱は、長い縄文時代の中で、太さや数に変化は見られるにしろ、基本的にはその〝長さ〟がまず蛇をシンボライズしているのであり、さらにそれは、とりもなおさず月をシンボライズしていることに他ならないのです。

関東から中部山岳地方にかけての四〇〇〇年から六〇〇〇年前の時期、土器にイキイキとした蛇が表現される一方で、住居に太い柱が使われるのも、そしてこの時期に蛇のレトリックともいえる男根様の石棒がたくさん作られるのも、偶然の一致ではないように思われます。

4　囲炉裏と埋め甕の意味

囲炉裏の秘密

縄文時代の住居には、さまざまな秘密が隠されていることがわかってきました。ここではそれに追い打ちをかけるように「祭壇」の話をさせてもらいます。

縄文の竪穴に祭壇のような造作があることは古くから知られていました。そもそも住居そのものが祭祀の施設ではないかと思われているのが、関東、中部、東北地方南部に一時期流行《はや》った「敷石住居」と呼ばれる家です。円形の竪穴（掘り込みのないものもある）に平たい石を敷きつめたもので、家の中に柱穴はなく、家の外側に小さな柱穴が取り巻く例が多いので、おそらく円錐形の上屋がかかっていたと思われます。そしてどの住居にも囲炉裏があったようです。

この施設が祭祀的といわれる理由ともなったのが、柄鏡状と呼ばれる張り出し部分の存在です。単純に入り口だという説もありますが、そうではないという意見も少なくありません。この張り出し部分こそ特殊な役割を持った、今風な言い方をすれば

「神棚」や「仏壇」に相当する場所ではないかといわれているのです。

これが一般住宅か祭祀用の特殊家屋かについては、いろいろな見方があっていまだに定まらないようですが、集落のすべてが敷石住居からなるという遺跡はほかにないようですし、敷石住居だけが普通の竪穴住居とは離れた位置に作られる例もあるようですから、やはり特殊家屋と見たほうがよいでしょう。

なぜこの住居では、このように石にこだわるのでしょう。この問題を解くためには、縄文住居全体の中で、石がどのような存在であるかを考える必要があります。まずは囲炉裏が石で縁取られていることについて考えてみましょう。

土器の破片を敷いた囲炉裏（土器片敷石囲炉）：北海道桜町７遺跡
［七飯町歴史館提供］

全国的に見ても、囲炉裏を石で囲むことはそれほど珍しいことではありません。敷石住居にも必ずといっていいほど囲炉裏が設けられますが、もちろん床に敷かれた石とは区画されています。見方を変えると、敷石住居は囲炉裏の石が床全体に広がったようにも見えます。だとすると、ますます住居にとって石が重要な意味を持っていることになります。敷石住居もそうですが、竪穴住居の壁際や囲炉裏のそばからも石棒が出てくることは少なくありません。もちろん石棒は蛇を象徴したものですし、子宮と共に月のシンボリズムの中核をなす存在です。

ほかにも囲炉裏には、土器の破片を敷き詰めたり、土器をそのまま埋め込んだりする例がありますが、これもまた土器の持つ蛇と子宮の象徴的意味を複合的に表わしているのだと思います。そのように考えると、そもそも柄鏡状の張り出しを持つ住居(柄鏡式住居)の形そのものが、子宮と蛇の組み合わせなのではないかと疑われてきます。とすれば、ますます怪しいのは柄鏡に相当する張り出しの部分で、ここが限りなく蛇を表わしているように思えてくるのです。

柄鏡式住居の中には、この張り出しの部分に土器を埋め込んでいるものもあります。また、東北地方の南部には、敷石住居の出現する少し前の時期に、「複式炉」というタイプの囲炉裏が出てきます。これは、石で囲んだ囲炉裏のそばに土器を埋め込んで、それらが一体になるようにデザインされた形の囲炉裏です。これも、囲炉裏と石と土器がなぜ組み合わされているのか、その意味が問題にされなければなりません。

私は、敷石住居も、複式炉も、炉の周辺にまで平たい石を敷きつめてゆくのは子宮のレトリック的表現であり、家全体が子宮であることを誇張して表現していると考えています。もちろん、屋根は蛇のトグロに見立てられていますし、家の囲炉裏のそばや壁際に蛇に見立てた石棒が置かれているのも、月から水を運んでくる蛇を意識してのことだろうと思います。

女性器としてのアイヌの囲炉裏

先に、田中基の引用したアイヌ民族の世界観を紹介しました。田中はアイヌ民族が囲炉裏を女性器に見立てると述べています。

囲炉裏は、おそらく縄文人にとって子宮である家の中心の、さらなる子宮的存在だったのではないでしょうか。中心の中心です。男根や蛇に見立てられた石で囲まれた中に置いて、火が焚《た》かれたのでしょう。ですから焚かれた火も、単に調理や暖房のためだけに機能したわけではないのです。

私はかねがね縄文住居の囲炉裏の火が、それほどの頻度では、またそれほどに強い火力では焚かれてはいないのではないかと考えてきました。つまり、囲炉裏はきわめて呪術宗教的な存在と見るべきではないかということです。

また、それほど例は多くありませんが、竪穴住居の床に石皿を埋め込むのも、同じ発想から行なわれたと考えれば、家が石皿と同じようなイメージで捉《とら》えられていたのではないかと思うのです。

樋口誠司は、柄鏡式住居を図像学的方法で分析し、縄文土器の模様と比較しています（「柄鏡形住居の世界観」）。その結果、「柄鏡形住居にも土器とおなじ蛙・女性器・月という意味がある」ことを指摘しています。ある遺跡の敷石住居では、「敷石の形態が胎児であることから、住居と敷石の関係は母とその子であり、母胎としての住居の意味もかさねられている」としています。また、住居内の埋甕《うめがめ》の用途については、「生まれてくる子の分身である胎盤を収納する容器である」と解釈しています。こうした樋口の読み解きも私は大いに参考にさせていただいています。

5　結論――竪穴も子宮のシンボライズ

私たちは、竪穴住居の構造をどうしても居住性という視点からのみ考察してしまうきらいがあります。石棒の置かれた囲炉裏や複式炉の祭祀性に気づいたとしても、それが家との関わり合いとして考えられることは、ほとんどありませんでした。縄文人の住居は、敷石住居はもちろんですが、一般的な竪穴住居も限りなく呪術宗教的な性格を持っているということに留意していただきたいと思います。

縄文住居は、一般的な竪穴住居であれ、祭祀的な家屋と見られることもある敷石住居であれ、基本的には家の形や竪穴の深さ、柱の位置と大きさと数、囲炉裏の位置と型式、さまざまな付属の施設といったものがすべてが関連し合って作られています。一言でいえば、それらはきわめて象徴的な意味を持っている〝設計プラン〟となっています。もちろんその背後には、月のシンボリズムとそこから派生する子宮や蛇のシンボライズがあります。

これまで日本の考古学は、人間はなぜ円形や楕円形に墓穴を掘るのかという根本的な問題には踏み込んで議論してきませんでした。しかし、心理学的・宗教学的観点から見れば、そして多くの民族学的事例から考えていけば、人間の根源的なものの考え方の中に、子宮を甦《よみがえ》り（再生）の場所であるとする心性が備わっていることを認めなければならないでしょう。

人間の根源的な心性から生まれた再生のイメージが、子宮を甦りのシンボルとして崇めるようになり、そのシンボルとしての子宮を、誇張や隠喩などのレトリックを用いて円形や楕円形、ときには柄鏡式としてデザインしたのではと私は考えています。

大林太良《おおばやしたりょう》は「住居の民族学的研究」と題する論考の中で、家屋のシンボリズムについて触れ、世界中の家屋に関するシンボライズの存在を指摘しています。また、先に引用した田中基や樋口誠司の研究も、私たちが縄文住居を研究する際にそうしたことを念頭に置かなければならないことを教えてくれています。

第三節　ストーンサークルはなぜ円いのか

1　円にこだわる理由

ストーンサークルの発見

ストーンサークルは、土偶や古墳と並んで誰もが知っている考古学の遺跡の一つかもしれません。北海道から三重県までの広い地域に一七八ヵ所も見つかっています。(『縄文ランドスケープ』)。圧倒的に多いのが秋田県（七四ヵ所）と、北海道（二九ヵ所）です。長野県から西にはほとんど見つかっておらず、静岡県に三ヵ所、岐阜県に二ヵ所、愛知県・三重県はそれぞれ一ヵ所だけです。六〇〇〇年ほど前から作られたようですが、頻繁に作られるようになるのは三〇〇〇年ほど前からです。

史跡忍路環状列石：北海道小樽市［大島撮影］

日本で最初にストーンサークルを学術誌に報告したのは、渡瀬荘三郎《わたせしょうざぶろう》（一八六二～一九二九年）という考古学者でした。報告されたのは北海道小樽《おたる》市にある史跡「忍《おし》路《よろ》環状列石」です。一八八六年、明治一九年のことでした。すでにヨーロッパではこうした遺跡が見つかっていて「ストーンサークル」と呼ばれていたので、渡瀬は「環状石籬《せきり》」と訳し神聖な場所と考えました。

後に外国人の学者ゴードン・マンロー（一八六三～一九四二年）がこの遺跡を訪れ、天文観測の場であろうと指摘しています。ストーンサークルは、ヨーロッパでは古くから〝巨石記念物〟と考えられていました。日本でも記念物（モニュメント）と考えている学者が多いようです。日本のストーンサークルはその後「環状列石」と名付けられ、現在はヨーロッパと同じように「ストーンサークル」と呼ばれています。

意外と知られていませんが、日本のストーンサークルで特別史跡の第一号になったのは秋田県の「大湯環状列石《おおゆかんじょうれっせき》」です。ここには、「野中堂《のなかどう》」と「万座《まんざ》」と名付けられた大きなサークルが二つ並んでいます。世界文化遺産の国内暫定リスト掲載遺跡の一つでもあり、教科書にもよく出てきます。冒頭に書いたように縄文文化を象徴する遺跡の一つがストーンサークルであり、その代表が大湯環状列石なのです。

ストーンサークルとは何か

ストーンサークルが何のために作られたものかは、じつはあまりよくわかっていません。ですから、いまだに安易な謎解き古代史関係の本には宇宙基地説や天文台説が登場します。もっとも天文台説は、考古学者もまったく否定しているわけではないようです。とにかく大湯環状列石だけでなく、ストーンサークル全般がいまだに謎だらけの遺跡なので、なぜ円形に作られたかについても定説はありません。ストーンサークルはお墓だという説もあれば、祭祀場だという説もあります。また、そうした二者択一的な解釈は間違いで、両者が混在したいわばモニュメントなのだという意見もあります。たしかに、これ見よがしにお墓とわかる遺構があるわけではありません。とはいっても、あきらかに人の骨を入れたとわかる大きな土器が出てきたりしますから、お墓というのも、あながち間違いとはいいきれません。

お墓かもしれないと考えられるストーンサークルについて、能登健が面白い解釈をしています（『縄文時代』）。ストーンサークルの内部からはたくさんの遺物が出てきますが、能登は土器や石器の欠損品が多いこと、さらには獣骨やクルミの殻などの「生活廃棄物」が出ることなどから、神聖な場であるはずの環状列石の内部が「ゴミ溜《た》め同然」の状態にあることに着目したのです。

「命の終わった人の遺体も、使用が終わった生活用具も、そして命をつないだ食料の残滓も、感謝の念を込めて送るという祈りの場が神聖な列石のなかにあった（中略）、縄文世界では、人間社会の生活に供したすべてのものが等質的に〝送り〟の対象であったのである」

つまり、アイヌの伝統的な送り儀礼の場と同じ性格の場所がストーンサークルだと能登はいうのです。

現在、大湯環状列石は、史跡整備が完了して、万座地区のサークルのまわりにはたくさんの〝奇妙な〟建物が建てられています。「モガリ」という、死者をしばらくの間安置しておく場所らしいのですが、これはあくまでも想像に過ぎません。

円形の意味

さて、私が関心を持っているのは、なぜストーンサークルは円形なのかということです。考古学者の中には、同じ場所を長い期間かけてくり返し利用した結果に過ぎず、環状（円形）に見えるのは現在の学者の見え方に過ぎないという、身も蓋《ふた》もないような意見を述べる人もいます。この意見に反論するのもなかなか骨の折れる仕事です。

最近の研究によれば、ストーンサークルは最初から円を描くように端から順序よく並べられていったのではないらしいのです。宮尾亨《みやおとおる》は、「それはあたかも二色の碁石で競われる五目並べのようである」といいます。つまり、「さまざまな事情で立石や列石、配石や組石が構築される過程で、すでに存在するモニュメント（記念物）である立石や列石、配石や組石を意識し、新しいモニュメント（記念物）となる立石や列石、配石や組石をつくる場所を定め、それらにかかわる行為を行なった結果が環状列石なのである」（「環状列石の造営」）と。

学者らしい難しい表現ですが、ようするに、なぜ円形になるかはわからないということです。五目並べなら四角くなりそうですが、そうではないようです。

私は、このストーンサークルもやはり再生のシンボリズムの中で捉えるべきではないかと考えています。つまり、ストーンサークルの造営が決まり場所の選定が行なわれると、深層心理の奥底にあるグレートマザーによって、その作業に関与する誰もが再生のシンボルである子宮をイメージするのだと思います。そして、イメージされた子宮を具体的に表現する際には、ほとんど暗黙の了解のもとに円形のデザインが意識されるのではないでしょうか。もちろん、それにはレトリックが使われます。

ストーンサークルづくりの作業が数百年かかったとしても、その趣旨（精神）が、集団内で伝わっているかぎり、設計図や指揮者の存在は無用だということです。各地で発見されるストーンサークルのどれもが、決して整然とした円形をなさず、楕円や方形に近いのも、あるいは半円や馬蹄《ばてい》形をなすのも、また大きさがまちまちなのも、集団の個性があるからでしょう。それでもストーンサークルがおおむね円形なのは、再生信仰の儀式のステージとして、子宮をデザインしているからに他なりません。ちなみに私も、子宮をイメージしろといわれれば、躊躇《ちゅうちょ》なく円形を頭に描くと思います。それは、私が解剖学を専門としていたからではなく、おそらく私の心の奥にあるグレートマザーのなせる業なのです。

ところで、大湯環状列石については、ちょっと気になることがあります。それは使われている石です。ストーンサークルを作るために集められたおよそ七二〇〇個の石の九五パーセント以上が「石英閃緑《せんりょく》ひん岩」と呼ばれる淡い緑色の石なのです。遺跡のガイドブックには、七キロも先にある安久谷川《あくやがわ》からわざわざ運んだこの緑の石について、「近くにある運びやすい石ではなく、遠くても〝その石〟を。大湯環状列石を作った縄文人にとって、石英閃緑ひん岩の緑の輝きには、どんな意味があったのでしょうか」と書かれていました。答えは、すでに第II章の石斧《せきふ》のところで書かせていただきました。緑色は、再生のシンボライズです。

2　蛇の目構造の謎

鷲ノ木遺跡のストーンサークル

ストーンサークルが再生信仰のステージとして子宮に見立てられて作られたとしたら、そこには蛇の関与があるはずです。そのことについて見ていきたいと思います。

私は、以前から、ストーンサークル全体の形が二重あるいは三重になっているものが多いことに興味を抱いていました。北海道森町《もりまち》の鷲ノ木《わしのき》遺跡のストーンサークルもその一例です。高速道路の建設予定地に発見されて大騒ぎとなり、結局、遺跡の下にトンネルを掘ることで保存された遺跡です。現在は国の史跡に指定されています。

鷲ノ木ストーンサークルは、三重の石のサークルからなっています。中央に小さなサークル（調査者は「配石」と呼ぶ）があり、周辺には隣接した二重のサークルがあります。外側のサークルの大きさは三四×三七メートルです。先ほど紹介した秋田県の大湯環状列石の二つのサークルも二重、同じ秋田の伊勢堂岱遺跡の列石Cも二重です。さらには、青森県の小《こ》牧野《まきの》遺跡のサークルは見事な三重です。このように、サークルが二重、三重になっている例は非常に多いのですが、この点を問題にした学者は残念ながらいません。

史跡鷲ノ木遺跡の蛇の目型ストーンサークル：北海道森町［森町教育委員会提供］

蛇の目というレトリック

日本文化には「蛇の目」という表現があります。蛇の目茶碗《ちゃわん》に蛇の目傘、相撲の土俵はかつて二重俵からなり「蛇の目土俵」といわれていました。また、その二つの俵の間の砂を「蛇の目砂」といいました。これらは、どれも二重の環《わ》を表わす言葉なのです。つまり、二重三重の環を蛇になぞらえているということです。もちろん、蛇の目を二重に表現するのはレトリックです。

　私は、ストーンサークルがある学者のいうように、たまたま結果的に、つまり何の意味もなく二重あるいは三重に石が配置されたとは思えません。ここにも何かシンボリズムが関わっているとにらんでいました。冒頭に、ストーンサークルが再生信仰と結びついているとしたら蛇が関与していると述べましたが、まさにここに蛇が描かれていたのです。

ストーンサークルをよく見れば、必ずサークルから外に向かったアプローチが表現されています。大湯環状列石の万座では二カ所、野中堂にも一カ所、石を並べたアプローチが設けられているのです。秋田の伊勢堂岱にもやはり石をあしらったアプローチが見られます。サークルの切れ目として表現されている場合もあります。

つまり、「蛇の目」で表わしたサークルは「子宮」であり、中央に作られた小さな配石は、住居であれば囲炉裏に相当する部分です。子宮の中の子宮と見ていいでしょう。これも蛇の目と同様、レトリックを用いて、子宮の形を蛇がトグロを巻く姿で表わしたとも見ることができます。そして、この子宮の中に甦りの水である月の水を運び入れる場所が、アプローチやサークルの切れ目です。つまり、ここが月の水を運ぶ蛇の通り道なのだと思います。

ちなみに、ストーンサークルとよく似た構造で、北陸地方を中心に分布する「ウッドサークル」と呼ばれる遺跡があります。これは、十数本の巨木を等間隔に円形に並べたもので、石川県のチカモリ遺跡では、入り口を思わせるような造作も見られます。ストーンサークルのアプローチを思わせるようなつくりでとても興味深い遺跡です。

十和田の「石の土俵」説

ところで、日本語には「蛇口」や「蛇腹」という表現もあります。日本は不思議なくらいヘビ信仰が強く遺っている国ではないでしょうか。環状列石の事例集成である『縄文ランドスケープ』（小林達雄編）という本の中に、青森県の太師《たいし》森《もり》遺跡のストーンサークルが紹介されていますが、執筆者の一人である葛西励《かさいつとむ》は「はじめに」でこんなことを書いています。

「〝石の土俵で相撲をとった神様が、十和田サマの池で足を洗った。〟と伝説にある太師森遺跡の発掘が始まって三年が過ぎた。伝説を裏付けるようにして〝石の土俵〟つまり環状列石が検出された。この土俵で相撲をとった神様が、西側の尾根を超えたところにある十和田信仰の神社の池で足を洗ったというのである。この伝説が生まれたのはいつ頃か明らかではないが、少なくとも石の輪が完全に埋まりきる前であろう」

私は、神事である相撲の起源がストーンサークルにさかのぼれるのではないか、と本気で考えていたものですから、この文章には本当に驚きました。そしてますますモチベーションが上がりました。十和田《とわだ》の伝説も調べてみようと思っています。なにせ横綱の綱も、おそらく蛇の交合のシンボライズであり、つまりは土器などに縄の模様を描くことと同じ意味を持っていると私は思っているのですから。

山の神信仰と蛇

じつは、この本の中にもう一つ興味を引かれる話題を見つけました。長野県の山《やま》の神《かみ》遺跡の紹介文の中で川崎保《かわさきたもつ》が「蛇足的な見解であると思うが」と前置きして、遺跡内にある山の神の祠《ほこら》について触れている個所です。川崎は、「縄文時代になんらかの信仰や祭祀が行なわれたとしても、それが即今日の信仰や祭祀に直結するという保証はないし、かく主張するつもりもない。しかしながら、後世の人が〝山の神信仰〟の場として選んだ時に、なんらかの状況や条件が、縄文時代の信仰や祭祀とに共通するものがありはしないか。ちなみに瀬田裏遺跡の発掘調査された地点の地字も〝山の神〟であり、現在も信仰や祭祀が継続しているかどうかは不明だが、これも偶然と片づけて良いものかと筆者が思う根拠となっている」と、「後ろ髪がひかれる」思いを述べています。

山の神信仰の「山の神」が、じつは「蛇」であるとする民俗学者吉野裕子の研究を知れば、もっと〝後ろ髪がひかれる〟ことと思います。「山の神信仰」は考古学者にとって悩ましい問題です。

3　小林のランドスケープ論

ランドスケープという考え方

縄文人はストーンサークルを作る場所をどのように決めたのかについて見ていきましょう。この問題に関しては小林達雄が積極的に取り組んでいる「ランドスケープ論」という考え方が参考になります。

『広辞苑』によれば「ランドスケープ」とは「風景、山水」のことですが、考古学的にはイメージしにくいようにも思いますので、ここでは「ランドスケープ・アーキテクチャー」(landscape architecture) といったほうがよりわかりやすいのではないかと思っています。いわゆる「修景術」のことで、三省堂の『カレッジクラウン英和辞典』には、「邸宅・公共施設・学園・団地・公園・広場などで美しい風致環境の中に建造物の美的かつ有効な配置按配を行なおうとする設計施工を含む技術」と書かれています。なんとなくイメージがわいてきませんか。

小林は、一九九三年のケンブリッジ大学留学時にこの研究に着手し、帰国後、具体的にストーンサークルを中心とするランドスケープ論の裏付けに取り組んできました。その理論の基盤をなすのが、日の出日の入りにまつわる二至二分、つまり春分、秋分、夏至、冬至といった考え方です。

二至二分の重要性

小林は、「冬至こそが世界の再生の起点ともなり、そうした信念、観念が冬至のマツリを促し、世界各地にみる。縄文人は、こうして二至二分を知ったわけであるが、決して太陽の動きを天文学的動機から追うのが目的だったのではない。むしろ、朝日、夕陽を観察することで、天気予報を知り、仕事の段取りを相談する。二至二分だけでなく、細かく山並みのシルエットで、夏至の十日とか五日前などの日の出、日の入りの位置を知ることも出来たはずである。まさに東や西の連峰がそのまま日暦みと同じ働きをしていたのである」と、縄文人にとっての二至二分の重要性を力説しています(『縄文ランドスケープ』)。つまり、二至二分を的確に知るためには、どこの山から日が出て、どこの山に落ちるのかを知ることが必要だというのです。

そして小林は、「縄文人は、そうした日の出、日の入りの位置を年間スケジュールの基準として縄文カレンダーを作成し、記念物もまたそれに一役買って、象徴性の意義を高めたのであった」と、その理論の意義を強調するのです。

小林の理論は全国各地で検証され、青森県の三内丸山遺跡の「六本柱」も含め、多くのストーンサークルに活力を与えています。この理論は海外にも紹介されており、日本政府がめざしている「北海道・北東北を中心とする縄文遺跡群」の世界文化遺産登録推進にも一役買っているように思います。

このように、小林のランドスケープ論は太陽信仰を基盤とした見事な説だと思います。しかし、世界の民族の例からも見て（『太陽と天空神』）、狩猟採集民である縄文人が太陽を信仰するということには無理があるとする反対意見もあります。小林らの今後の研究に期待したいと思います。

4　結論——子宮と蛇のシンボリズム

心理学や宗教学、さらには言語学のレトリックといった理論を用いて、人間の根源的なものの考え方という視点から、縄文人が何のために遺物や遺構のさまざまな形を生み出してきたのか、その意味と理由を読み解いてきました。そしてストーンサークルも月のシンボリズムに組み込まれていることや、円形の意味が子宮を蛇の目でレトリックしたものだと指摘してきました。

もちろん、私の月のシンボリズム論は、先に紹介したランドスケープ論とはまったく異なる視点からの考え方です。ランドスケープ論は太陽信仰を基盤とした理論ですし、月のシンボリズム論は月信仰が基盤となっています。どちらが狩猟採集社会を解明するのにより有効かはもっと議論される必要があります。しばらくは、ますます進展するランドスケープ研究の推移を注意深く見守ろうと思います。ランドスケープ論は、ストーンサークルの場所の選定理由が二至二分における太陽と山の関係で読み解けることを見事に明らかにしました。しかし、なぜ石を円く並べてサークルを描くのか（たまたまの結果という考えもあるが）、多くのストーンサークルがなぜ二重三重の構造となっているのかについては読み解けていないからです。

第四節　環状土籬は土木工事か

1　なぜ北海道にしかないのか

縄文時代の集団墓地

環状土籬《どり》とは、三五〇〇年前に北海道の中央部から北東部にかけてつくられた縄文時代の集団墓地のことです。円形に大型の竪穴を掘って、その掘り上げ土をドーナツ状に周囲に盛り上げ、竪穴の中が複数のお墓になっています。

環状土籬は北海道にしか発見されておらず、本州にはまったくありません。現在、世界文化遺産の国内暫定リストに載せられている千歳市のキウス遺跡が有名です。キウス遺跡がもし世界遺産に登録されれば、その環状土籬の大きさや構造に世界の人々が驚くに違いありません。

そんな珍しい環状土籬で知られるキウス遺跡ですが、正式名称は「キウス周堤墓群」となっていて、「遺跡」という文字も「土籬」という文字もありません。非常に特徴のあるお墓なのに一般にあまり知られていないのは、こうした名前の付け方にも問題がありそうです。

（上）史跡キウス周堤墓：北海道千歳市
［北海道埋蔵文化財センター提供］
（下）周堤の中の墓：北海道美々４遺跡
［北海道埋蔵文化財センター提供］

「土籬」という言い方をしないのは「籬」（まがき＝竹や柴などを粗く編んだ垣）という漢字が難しいということで、最近は「周堤墓」「環状周堤墓」「竪穴墓域」「円形区画墓」などと呼ばれるからです。国の史跡に指定された際、キウス環状土籬はキウス周堤墓という名称に変更されました。私は、「籬」という漢字の意味が好きなので、あえて環状土籬といい、遺跡の名称もキウス遺跡と呼びます。キウスとは、アイヌ語で「草（茅）の多いところ」という意味です。ちなみに、近くにある高速道路のパーキングエリアの名前も「キウス」で、カタカナのみの高速道路パーキングエリア名は全国でここだけだそうです。

北海道中央部に集中

今のところ、北海道では一三の遺跡から七〇ヵ所の環状土籬が見つかっています（『北の縄文世界』）。とくに千歳市を中心とする北海道中央部に集中しています。だいたいどの遺跡の環状土籬も形状は同じですが、その大きさや竪穴の中に作られるお墓の数、添えられる副葬品などに違いがあります。

このお墓が知られるきっかけになったキウス遺跡では、これまで発掘調査が何度か行なわれています。一九七九年に国史跡に指定されましたが、指定地内には八ヵ所の環状土籬があり、それ以外にも近くに二八ヵ所ほどあったそうですが、高速道路の建設に伴い大半は調査後に壊されてしまいました。

指定地の環状土籬の中で一際目立っているのが、一号墓と名付けられたお墓です。とにかく大きいのです。写真を見てもわかるように、盛土の外側の大きさは直径七五メートル、内部の竪穴だけでも三五メートルあります。深さは二メートルの竪穴から掘り出された土が三メートル以上積み上げられていますから、一番高い部分から竪穴の底までは五・四メートルもあります。また、土籬はよく見ると完全な円形ではなく、一カ所だけ切れ目が設けてあります。竪穴内は全部掘られたわけではありませんが、北海道大学の調査では五カ所のお墓が見つかっています。人骨は残念ながら遺っていませんでしたが、顔料の真っ赤なベンガラ（酸化第二鉄）が撒《ま》かれていたそうで、ほかの多くの墓地の例から見ても縄文人のお墓であることがすぐにわかります。ベンガラをお墓に撒くのは世界的な習俗といえます。

後に同様の遺跡が恵庭《えにわ》市や千歳空港建設予定地内でたくさん発掘されましたが、いずれも副葬品の多さには驚かされました。土器・石器のほかに石棒や勾玉《まがたま》などじつに多彩でした。とくに石棒と磨製石斧の緑色の鮮やかさに驚かされます。遺体の痕跡のわかる例もありますが、一人だけではなく複数の人が葬られていることもありました。

なぜ北海道だけなのか

次に、この巨大な集団墓がなぜ北海道にしか作られなかったのかを考えてみましょう。地域的には札幌《さっぽろ》圏よりも東と北に広がっていて、函館市などの道南地方には作られていません。

それまでの北海道では、本州と軌を一にして盛んにストーンサークルが作られていたのですが、ある時期からストーンサークルは下火になります。というよりも、ストーンサークルづくりから環状土籬づくりに方向転換が図られたようなのです。もちろん、ストーンサークルにはお墓としての要素が少なく、はっきりお墓だとはいえないので、正しくはお墓の作り方の方針転換ではなく、まったく新しい発想で北海道の縄文人がお墓づくりに精を出すようになったということなのかもしれません。一方の本州では、青森県弘前《ひろさき》市の大森勝山《おおもりかつやま》遺跡に見られるように縄文時代の終わり頃までストーンサークルを作り続けています。

巨大な環状は何を意味する

では、この巨大なドーナツ形の環状土籬は何を意味するのでしょうか。それはもちろん再生信仰の場としての「子宮」です。それはまさに巨大な竪穴住居を構想しているのだと思います。縄文人が根源的なものの考え方の中で、家を子宮と考えたであろうことはすでに何度か説明してきましたが、竪穴の掘り上げ土を周囲に盛り上げるのも、子宮に対する彼らのレトリックなのだと思います。

キウス遺跡の例に見られるように、環状土籬のどこか一ヵ所に切れ目を設けて外からのアプローチを確保しているのも、ストーンサークルや敷石住居と同じ発想からではないでしょうか。このアプローチについては、蛇が死者のために月の水を運び込むための通路だと私は考えています。

こうして考えてみると、森町鷲ノ木遺跡のストーンサークルのそばに作られていた最古の環状土籬と考えられる「竪穴墓」の存在が気になってきます。ストーンサークルのそばに環状土籬の原型ともいえる集団墓がほぼ同じ時期に作られていたのです。ストーンサークルから環状土籬への転換の現場を目の当たりにする思いです。

ストーンサークルも環状土籬もアプローチを持っています。両方とも、基本的に死者の再生信仰のための儀礼ステージだったのではないでしょうか。物理的には、石から土に変わったけれど、費やされた労力や精神的エネルギーの量にさほどの違いはなかったようにも思われます。しかし、北海道の縄文人がなぜストーンサークルをやめて環状土籬を作ることにしたのか、その理由はわかりません。本州とは異なる北海道の縄文人固有のレトリックのなせる業だったのでしょうか。彼らのアイデンティティーは、たとえば本州とは異なる磨り石づくりにこだわったように、本州とは異なったお墓を作ることによって維持されていたのかもしれません。

2　石棒と磨製石斧の色

環状土籬の副葬品

環状土籬の内部に作られるお墓は、遺跡によって、また土籬ごとに、墓の数や墓に入れる副葬品の内容などに違いがあります。しかし、その副葬品から見ておしなべて手厚く葬られているという印象を持ちます。副葬品の中で私が注目したのは石棒と石斧でした。

北海道恵庭市の柏木《かしわぎ》B遺跡は、環状土籬の本格的調査を行なった最初の遺跡でした。一九七七年から四年をかけて行なわれたこの調査で私たちを驚かせたのは、なんといってもそこから出てきた副葬品の質と量でした。過去の調査でこのときほど多くの石棒を見ることはまずありませんでした。私に限っていえば、石棒などそのときまで古物愛好家がどこからか掘り出したものしかお目にかかったことがなかったのです。その後も、千歳市の美々《びび》4遺跡やキウス4遺跡などからも石棒の発掘が相次ぎました。

周堤墓内の墓から出てきた石棒：千歳市美々４遺跡、最大７０cm
［北海道埋蔵文化財センター提供］

恵庭市の柏木B遺跡の環状土籬の副葬品は石器が中心でした。石棒と磨製石斧、ナイフと矢じり、そして玉類を入れていますが、すべてが入っているのはむしろまれで、二、三が組み合わされています。面白いことに、土器がお墓の中に入れられていることはほとんどありません。土器はいずれも墓の埋土の上に置かれていたようです。

すべてではありませんが、石棒が複数本入れられていることも珍しくありません。一般的には加工具として日用品扱いの石斧が、なぜかこの遺跡の環状土籬ではしっかりと存在感を主張しており、そのことにも私は驚かされました。

また、環状土籬の多くは、墓全体が真っ赤になるほどベンガラという顔料がふり撒かれていました。この赤い色は、その中に埋もれるように副葬されていた石器類を際立たせ、いかにも特別な意味があるかのごとくに見えました。当然、何らかの重要な意味があるはずです。

副葬品の意味

第一節のお墓の項で、コロンビアのコギ族による死者を胎児になぞらえて子宮に帰すという習俗を紹介しましたが、じつはもう一つ、大事なことをミルチャ・エリアーデは書いています。

エリアーデは、「墓は世界と同一視されるので、葬儀の供物は宇宙的意義を獲得する。さらに、〝死者の食物〟である供物は、性的意味（コギ族の神話、夢、婚姻の掟において、〝食べる〟行為は性的行為を象徴する）を含んでおり、その結果、それは母神を多産にする〝精液〟となるのである。貝殻は性に関するばかりでなく、実に複雑なシンボリズムを担っており、家族の生存者をあらわす。他方、巻貝は死者の〝夫〟を象徴するので、それを墓に入れてやらなければ、少女は他界に到着するやいなや〝夫を要求し〟、同じ部族の若者の死を招くことになるのである」と副葬品一つ一つに重要な意味があることを述べています（『世界宗教史1』）。

考古学では、石棒がたとえ墓から出てきても、そうした観点から解釈することはしません。ある環状土籬のお墓から見つかった石棒について、「祖型は男根、さらには後・晩期のものは、大陸の金属器を模したものであるとし、儀式や祭祀に用いられた重要な石器」、「石棒の長さは三〇～七〇センチ。両端を瘤状に作り出した両頭型が古手で、新しくなると単頭、無頭に変化する。特別な儀式に使われたものと考えられ、石棒とともに葬られた人は、その儀式を司っていた人かもしれない」などと場当たり的に解釈します。

そういう場当たり的な解釈ではなく、エリアーデの指摘するような死者の副葬にあたっての象徴的意味を構造的に考えるべきなのです。惜しいことに考古学者は、石棒が「男根」を象徴していることまでは言い当てているのですが、なぜ男根が墓に入れられなければならないのか、その理由についての研究が進んでいません。

副葬品は何のシンボライズか

ナウマンの月のシンボリズムから読み解けば、石棒は男根を表わし、男根は蛇のレトリックとなります。月のシンボリズムの中で蛇は生きる水を子宮に運ぶ役目が担わされていて、再生のシンボルとなります。また、墓が子宮に見立てられることは、すでに何度も説明してきました。死者の墓に石棒を添えるのは、死者が蛇の運ぶ月の水で甦ることを願うからなのです。そして墓の中をベンガラで赤く染めるのも、血の色を表わす再生のシンボライズです。ここにも死者の甦りが演出されているのです。さらに、縄文人の環状土籬での葬儀は、磨製石斧と玉が副葬されるなど、もっと手が込んでいます。

磨製石斧とヒスイの玉については、緑という色に意味があることをすでに述べました。緑は、もちろん植物の再生をシンボライズしています。じつは石棒にも緑（藍《あい》）系統の色の石材が好まれています。つまり、彼らが副葬する石器には、ことごとく再生のシンボルが織り込まれていることが読み解かれなければなりません。苦労して作り上げた石棒や磨製石斧を、惜しげもなく大量に死者に添えることは、並大抵のことではできません。石器は、死者が使った単なる遺品ではなく、権威を表わすためだけのものでもないでしょう。縄文時代の葬送は、死者の再生を願うきわめて純粋な呪術宗教的行為だったのではないでしょうか。

3　結論——環状土籬は土木工事ではない

環状土籬は、北海道の縄文人が独自に考え出した墓地の形です。それは、単に死者を葬る場所として作られたものではないことは容易に察しがつきます。ここまで深く地面を掘り下げて墓を作るという発想の根源的な意味を考えずに、彼らの世界観を読み解くことはできないと思います。

竪穴に死者を葬る環状土籬は、竪穴住居を子宮と考える観念から出てきた発想に違いありません。そうした意味では、本州の関東地方に見られる「廃屋葬」（あるいは「家屋葬」）にも注意が必要です。廃屋葬は関東地方を中心にかなりの数が知られています。よく紹介されるのは、千葉県姥山《うばやま》貝塚の五人が葬られた住居や、同じく千葉県の向台《むかいだい》貝塚の九人もが葬られた例です。

向台貝塚のように、家が使われなくなって（廃屋）、竪穴が土で埋まってから、その凹《くぼ》みにお墓を設けるものもあり、それについては住居だという意識がないので廃屋墓とは呼ばないといった議論もあります。しかし私は、エリアーデの指摘どおり、家を子宮に見立てることで家と死者の結びつきがとても強くなると考えるべきだと思います。

縄文集落では、住居が重なり合って発見されることが珍しくありません。これも、家と死者の結びつきの記憶を残すためにわざと重なり合わせるのだと思います。使わなくなった家が子宮である以上、その家に新しい家（子宮）を重ねて再び甦らせるという再生のシンボライズが働いているのです。

環状土籬が竪穴住居のレトリックだとすると、ここに葬られた縄文人の素性も気になるところです。というのは、環状土籬はほとんどの場合、いくつかの環状土籬が接近して作られ、単独では作られてはいないからです。とすると、個々の環状土籬に葬られる人々はどのような「単位」で葬られているのでしょうか。家族なのか一族なのか、気になるところです。

ところで、もう一つ気になることがあります。ある本にはキウス遺跡の一番大きな土籬の竪穴について、「縄文文化最大級の大土木工事」というキャッチコピーと共に「二〇人の縄文人が一日一立方メートル掘るとすると一五〇日かかる」と現代風の人工数（一日あたりの労働者の数）が書かれていました。環状土籬がいかに大規模なものかをわかりやすく表現したつもりなのでしょうが、しかしこれでは、本当に土木工事があったと誤解を招くように思えます。縄文社会は人工計算や土木工事とは無縁な社会ですから現代的なそうした観点からは、とうてい彼らの世界観に肉薄することはできないでしょう。ちなみに現地の解説板にも、「二五人、一日一立方メートル、四カ月」とありました。そういった視点でしか縄文時代を捉えることができないのは残念です。

エリアーデがいうように、私たち人間はきわめて呪術宗教的な存在です。その背景には、月のシンボリズムに支えられた再生信仰が横たわっています。環状土籬の本質は、竪穴住居を子宮と見立てたことから生まれた壮大な葬送儀礼の場だと考えるべきでしょう。死者をここに葬ることで、新しい命が甦ると考えた縄文人たちに土木工事という意識はもちろんなかったはずだと思います。ひたすら、再生を願って大地に巨大な子宮をデザインし、子宮の中にさらに子宮としての墓穴を掘っているのです。埋葬した死者の傍らには、甦りのシンボルである蛇になぞらえた男根のレトリック、石棒と磨製石斧（緑の石斧は植物の甦りをシンボライズする）が、多数惜しげもなく添えられているのです。

とかくこうした巨大遺構は、権力や階層社会のシンボルとして捉えられがちです。しかし、それはあくまでも私たち現代人の発想であり、狩猟採集社会を読み解くキーワードにはなり得ないのだと思います。

第五節　貝塚はゴミ捨て場なのか

1　貝塚とアイヌのイオマンテ

「送り」というアイヌの観念

考古学者が好んで使う用語の一つに「送り」があります。たとえば、縄文土偶の役割を説明するときなど、縄文人の精神活動を表わすのによく使われます。ただし一般的に、その用語の意味が正しく伝わっているのかどうかは疑問です。

そもそもこの送りという言葉は、日本の先住民アイヌ民族の伝統的な観念に根ざしているのです。しかし考古学者はほとんどの場合、そのことを前置きもなく使っていますす。縄文文化とアイヌ文化を結びつけるには時間的隔たりが大きいのですが、それでもなんとなく縄文的な発想に思えるので、便利な言葉としてあいまいなまま使ってきたのだろうと思います。

縄文文化とアイヌ文化の関連性を最初に指摘したのは、北海道大学の河野《こうの》広道《ひろみち》（一九〇五〜一九六三年）です。一九三五年に河野は人類学の雑誌に「貝塚人骨とアイヌのイオマンテ」と題する論文を発表しました。

それまで貝塚は〝ゴミ捨て場〟と考えるのが一般的でした。しかし河野は、貝塚からしばしば人骨が発見されることに着目し、アイヌ民族の儀礼の場である「もの送り場」と同じ性格を持つと考えたのです。じつに卓見でした。河野は次のようにいっています。

「貝塚とは一般に、多少に拘らず貝を食した先住民の塵捨場の跡であって、貝殻が分解し難いために腐らずに残って堆積したものだろう位に簡単に考えられている。然るに本邦における先史時代貝塚には、人骨の埋葬されているものが甚だ多く、却って人骨を伴わざる貝塚が甚だ稀な程である。そしてその人骨の埋葬状態を見ると、少なくとも北海道においては、多く屍を丁重に葬り、完全土器や石器等を副葬してある。この事実は明らかに死者に対する情愛や畏れの情の表現であって、宗教的な埋葬法である。廃物捨場を同時に墓場として使用することは、一般文明人の立場からは到底考えられない矛盾であって、私が考古学的研究に興味を感じたのは、まだ少年の頃であったが、なぜ塵捨場に屍人を丁重に葬ったのか解釈に苦しんだものである。然しその後アイヌと親しみ、その風俗を知り、彼らの原始的な宗教思想に慣れるに従って、彼らの廃物に対する見方や取り扱い方が我々のそれとは全く異なる事を知り、漸く貝塚＝墓場の謎がわかったのである」

アイヌ民族は、人間や動物・植物だけでなく、この世のすべてのものに「魂《いのち》」を認め、その役割を終えたときには、もとの居場所であった「あの世」に帰ると考えました。魂を「あの世」に送り返す儀式が「送り」です。

じつはこの河野論文の発表当時は、多くの考古学者が河野の意見に賛同しました。しかし、戦後になって欧米の動物考古学など科学的な分析方法が導入されると共に、民族学を援用したこうした解釈は徐々に影を潜めてしまい、貝塚はふたたびゴミ捨場に逆戻りしてしまうのです。現在でも、そう解釈する学者は少なくありません。

貝塚そのものが子宮

先に、コギ族の一六歳の少女を埋葬するときの様子を記録したライヘル・ドルマトフの報告を紹介しました。そこには、遺体を墓穴に入れるとき、シャーマンが少女の

復元された貝塚：史跡北黄金貝塚
［伊達市噴火湾文化研究所提供］

死体を九回持ち上げるのは、妊娠期間の九ヵ月を逆にさかのぼり、死体を胎児の状態に戻すことを意味するとされています。こうした例からも私は、貝塚に墓が作られるのは、貝塚そのものが子宮に見立てられているからではないかと考えます。

たとえば北海道伊達市北黄金の〝A地点貝塚は、数百年にわたって貝や動物骨などが積み上げられていますが、発掘調査によって一四ヵ所もの墓が見つかっています。屈葬姿勢の人骨が円形や楕円形の墓に葬られていました。それはコギ族と同じように、胎児の形に見立てられたなきがらが、再生を願って子宮に帰された姿だと解釈できます。

死者の上に貝を積み上げるのは、おそらく再生のシンボルとしての子宮に葬ったその上に、さらに貝殻を盛り上げて子宮を形づくっているのだと思います。第I章で紹介したように、貝が水と再生のシンボライズであることを指摘したのはミルチャ・エリアーデです。貝塚の貝は単なる食べ滓《かす》ではなく、甦りを果たすシンボルとしての意味を持っていたのです。

北黄金貝塚には六カ所の貝塚が見つかっていますが、今のところお墓が見つかっているのは二カ所だけです。最初に作られた六五〇〇年前の小さな貝塚にはお墓がないようです。つまり全国で見つかる貝塚のすべてにお墓があるわけではありません。しかし、お墓のない貝塚であっても長い時間をかけて貝を積み上げるのは、人だけでなく貝や動物や魚の骨、そしてさまざまな道具類など、あらゆるものの再生を願っているからではないかと思うのです。

このように考えると、河野の指摘したように、アイヌのもの送り場と貝塚には共通した考え方があるように思えます。アイヌ民族は明治になって開拓使が入ってくるまでは、ちゃんと貝塚も作っていたのですから。

2　茶津貝塚の不思議

高台にある泊村の貝塚

北海道にはじつに面白い貝塚があります。日本海に面した泊《とまり》村の茶津《ちゃつ》貝塚です。北海道電力泊原子力発電所の建設に先立ち、一九八三年に発掘調査された四〇〇〇年前の貝塚遺跡です。

この貝塚の立地がまずユニークです。海からそそり立つ海抜四〇～五〇メートルの高台にあるのです。このような高台に貝塚があるということは、当時、海から貝を獲《と》って崖《がけ》をよじ登ってこの場所に運んだか、あるいは相当な遠回りをして運んだことになります。

発掘調査の結果、住居は見つからなかったのですが、それにしても貝塚だけを作るためになぜこのような場所を選んだのでしょうか。合理的な解釈ではとても理解できません。

貝塚の大きさは二五×一二メートル。エゾイガイとマガキの貝塚で、中からは焼け土や灰のブロックがたくさん見つかっています。貝層の厚さは一〇～三〇センチでした。

この貝塚が面白いのは立地だけではありません。貝塚からの出土品もとてもユニークなのです。まず第一にあげられるのが、オットセイ、アシカ、トドなどの海獣骨です。それらの大半は犬歯で、しかもそれが釣り針や銛頭《もりがしら》に加工されているのです。一般に縄文の釣り針は、全国的に鹿角製と相場が決まっています。鹿角で作る場合は製品となったものよりも原材料の角のほうが数多く遺されますが、この貝塚では製品と原材料の関係が逆になっています。製品の数のほうが圧倒的に多いのです。

ユニークな出土品の第二にあげられるのは人の歯です。貝塚の中から三一本の人の歯が見つかっています。私たちを驚かせたのは二本の永久歯を除いてそのすべてが乳歯だったことです。上顎《あご》と下顎、左右の歯種が入り交じっていますが、最低でも四人の子供の歯がこの貝塚には遺されていたのです。

私はこの状況を知ったとき、とっさにあることが頭に浮かびました。それは、子供の頃母が、抜けた下顎の乳歯は屋根裏に、上顎の歯は縁の下に入れたことです。先ほどのアイヌ民族の送り儀礼を彷彿《ほうふつ》とさせる民間に伝わる習俗です。これは単なる偶然の一致でしょうか。あるいは縄文時代から受け継がれてきた心性なのでしょうか。

貝塚は甦りを願う場所

新しい歯の甦りを願う場所、それがこの貝塚だったのではないでしょうか。そうだとしたら、あえて海岸からのアクセスの悪いこの高台に作ったのにも何か特別な理由があったはずです。

貝塚が、ことごとく子宮をシンボライズしているのだとしたら、茶津貝塚もまた、子宮がシンボライズされたものと考えるべきでしょう。月のシンボリズムとは、月によって甦ることができるという心性によるものです。とすれば、貝塚の場所は、かぎりなく月に近い場所が選ばれるのが自然でしょう。どのくらい高くするかは、たとえば大船遺跡の竪穴住居の深さと同じように、ムラの判断に委《ゆだ》ねられていたのではないでしょうか。全国各地の貝塚が台地の縁に作られるのも、月のシンボリズムに深く関わっているからだと私は考えています。

3　盛土遺構も貝塚と同じか

一般になじみのない遺構

盛土遺構というのは、一般的にはあまりなじみのない遺跡です。『縄文時代研究事典』によれば、もっとも典型的で大規模な盛土遺構は栃木県小山《おやま》市にある寺野東《てらのひがし》遺跡です。この遺跡は環状になっているので「環状盛土遺構」とも呼ばれています。寺野東遺跡は中央部分の土を削《そ》ぎ取って周辺に盛土していますが、岩手県御所野《ごしょの》遺跡などのように中央のお墓や住居を取り囲むように土を盛り上げたものもあります。また、環状ではない直線的な盛土の遺跡もあります。北海道函館市の垣ノ島《かきのしま》遺跡や千歳市美々貝塚北《きた》遺跡の盛土は〝コの字形〟の盛土です。

いずれの遺構も一気に土が盛られたのではなく、累積的に盛られたものと考えられています。『事典』には、「何回かにわたる行為の累積的結果として盛土になっていることや、多量の焼土や炭化物とともに獣骨片が伴なうこと、さらには祭祀的な遺物が多量に出土するという共通点を持っており、共同体的な祭祀を行なう場所ではないかと考えられている」と解説されています。

盛土遺構は数は多くありませんが、地域的には全国に分布しており、七〇〇〇年前から作られていたことがわかっています。寺野東遺跡のように直径が一六五メートルもある大きなものから、十数メートルの小さなものまでさまざまです。また、秋田県狐岱《きつねたい》遺跡の盛土は、台地の縁に直線的に続く四七〇メートルもの盛土が見つかっています。盛土の厚さは八〇～一五〇センチで、四〇〇〇年ほど前の竪穴住居を作るときに掘り上げ土が集められたもののようです。寺野東遺跡では盛土の高さが二メートルを超えている場所もあります。

「盛土」ではなく「遺丘」か

この盛土遺構には、ちょっと厄介な問題があります。『事典』にも書かれているように、盛土遺構は以前から祭祀場として考えられてきました。小林達雄は、二至二分のランドスケープ論で解釈し、記念物として長い時間をかけて土を盛り上げたのだと指摘しています（『縄文人の世界』『縄文の思考』）。

ところが、こうした祭祀説に真っ向から反対する意見もあります。ある学者は、盛土遺構の祭祀場説が学問的な検証が行なわれないまま安易に語られてきたと指摘し、「学問という名を冠しながら、根拠に乏しい〝おはなし〟がまかり通り、メディアを含め、一部の権威の説には皆が盲従する——。そんな時代は、もう終わりにしなければならない」と、相当に手厳しい批判を専門雑誌に書いています。

つまり、盛土遺構は、住居がくり返し同じ場所に作られた結果、地面を掘り返した土砂が盛り上がったもので、いうなれば「遺丘遺構」と名付けるべき性格のものであり、土を計画的に盛り上げた「盛土遺構」という呼び名は再検討が必要だというのです。

遺丘遺構とは、西アジアなどに見られる「テル（遺丘）」になぞらえての呼び方です。日干し煉瓦《れんが》で作られた家や城塞《じょうさい》が何世代もの間に積み重なり、巨大な丘をなす遺跡のことです。代表的な西アジアの遺丘としてはシュリーマンが発見したトルコのトロイ遺跡が有名です。

日本では埼玉県の馬場《ばんば》小《お》室山《むろやま》遺跡がそれに近いのかもしれません。窪地《くぼち》を囲むように長さ三〇メートル、幅二〇メートル、高さ一・五メートルほどの小高い盛り上がり部分が見つかり、これを調査すると、盛り上がり部分は何軒もの竪穴住居や穴が重なり合ってできていることがわかりました。

さて、こうした状況を見て私はあることに気づきました。多くの考古学者が祭祀場をイメージした原因は、おそらく「環状」と大量に出てくる「祭祀的遺物」にあります。たしかに盛土遺構からは、暮らしには直接結びつかないような土偶や土製品、ヒスイの玉などがたくさん出てきます。祭祀場と考えるのも無理のないことかもしれません。

盛土遺構のシンボリズム

私も、盛土遺構は、くり返し行なわれた竪穴住居の建て替えの結果と考えてよいと思いますが、そう考える根拠が多くの考古学者とは異なります。すでに何度も述べてきたように、竪穴住居は縄文人にとっては、子宮になぞらえた月のシンボリズムにのっとって作られたものだと理解するからです。竪穴住居にはそれ自体に祭祀性が内在されているのですから、当然、竪穴住居の建て替えそのものが、単に耐用年数の問題だけではなく、呪術宗教的な行為だったと読み取ることもできるのです。

また、多くの場合、環状になっているというのも、盛土遺構全体が竪穴住居同様に子宮のイメージで作られているからではないでしょうか。北海道の垣ノ島遺跡や美々貝塚北遺跡の盛土遺構がコの字状をなすのも、まさに子宮をデザインしているからでしょう。

おそらく、経済的・合理的な理由などから単に家を建て替え続けたのではなく、あえてその場所での建て替えを行なっていることには何か大きな意味があったのだと思えるのです。それは大量に出てくる祭祀的な出土品からもわかります。

結局、貝塚も盛土遺構も同じ心性から作られていると考えると、伊達市の北黄金貝塚のように、盛土遺構と貝塚が重なり合っている遺跡があることもうなずけます。

4　結論――貝塚も盛土も子宮をシンボライズ

貝塚と盛土遺構について考えてきましたが、結論としては何人かの学者がすでに述べているように、両者は同じような構造と捉えることができます。

貝塚や盛土遺構が祭祀的・儀礼的な意味を持つものではなく、あくまで一般的な生活の痕跡、つまり集落に過ぎないとの反論もあります。

しかし私は、盛土遺構の構造の多くが環状やコの字状になっていたり、あるいは台地の中央ではなくあえて両縁に列状に配置されていたり、さらには日常的な生活とはあまり縁のない土製品や石製品が大量に見つかることなども考え合わせると、貝塚と盛土遺構の構造にもやはり縄文人の意図を感じるのです。これまで述べてきたように、縄文人の造形デザインが、月のシンボリズムにのっとって、経済性や機能性とは異なる次元で決められていることを考えると、ストーンサークルや環状土籬、竪穴住居や集落、墓地の形と同様に、貝塚も盛土遺構も子宮をシンボライズしたものと考えられるのです。

この項で私は、なぜ貝殻や動物の骨を長い間かけて積み上げているのかという点について触れましたが、河野広道が指摘した貝塚や盛土遺構にお墓の伴うことが、あらためて重要なことだと思いました。お墓や竪穴住居を、縄文人にとっては子宮をシンボライズしたものと考えることで、一見するとまったく関係ないように見える貝塚と竪穴住居、そしてお墓までもが、構造的に関連づけられたのです。

不思議な貝塚として紹介した北海道の茶津貝塚なども、経済性や合理性、機能性だけでは解釈できません。ミルチャ・エリアーデによれば、人類の精神活動の多くは呪術宗教的な活動として生み出されます。そろそろ経済性や合理性から離れて、彼らの行動の意味を探ることが必要だと思います。

盛土遺構の集落的性格は、問題意識の欠如と発掘技術の稚拙さゆえに見つけることができないとの厳しい指摘もあります。その通りかもしれません。しかし、いくら発掘技術や分析能力を磨いて科学的に事実を認定したとしても、縄文人のものの考え方を斟酌《しんしゃく》しなければ、結局、私たち現代人のものの考え方に基づいたいくつかの結論を導き出すしかないのです。エリアーデがいうように人間の精神活動が技術の保持と伝達だけではない以上（『世界宗教史1』）、この点にも留意しなければならないと思います。

第六節　水場遺構で何が行なわれたのか

1　水場遺構は水さらし場か

赤山陣屋跡遺跡で発掘

一九九〇年代のはじめ頃から縄文研究の中に加わってきたのが前項で論じた盛土遺構ですが、これに刺激されたように発見されてきたのが水場遺構です。火付け役は、埼玉県川口《かわぐち》市で発掘された赤山陣屋《あかやまじんや》跡《あと》遺跡です。

この遺跡からは、〝トチの実加工場跡〟が大量の道具類と共に見つかったのです。トチの実加工場とは、川のそばに木枠を組んで、トチの実のアクを抜くための〝水さらし場〟を設けたものでした。実際にトチの実もたくさん出てきました。道具類は、

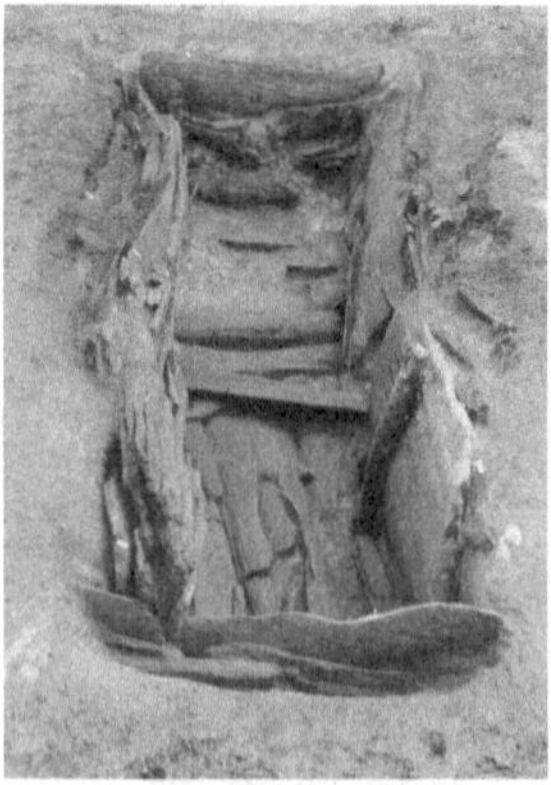

トチの実の水さらし場（板囲い遺構前景・第３検出面）：埼玉県赤山陣屋跡遺跡、幅１９８ cm
［川口市教育委員会提供］

石皿や磨り石などで、それらは製粉のための道具だといいます。この遺跡が発掘された後、山形県寒河江《さがえ》市の高瀬《たかせ》山《やま》遺跡などでも同様の跡地が発見されました。

　水場遺構研究の第一人者、名古屋大学の渡辺《わたなべ》誠《まこと》は、水場遺構を「縄文時代の主食を占める堅果類などの、アク抜きのための水さらし場」で、「ただの水辺の遺構ではない」と定義づけています。

「水場遺構」という呼び名ができる前は、全国各地から見つかる同様の遺跡のことを「低湿地遺跡」と呼び、木製容器や弓、網かごなどが見つかることから、とても重要な遺跡とされました。しかし、赤山陣屋跡遺跡から出たトチの実の水さらし場には驚かされました。これまで知られていなかった見事な木枠が出てきたからです。渡辺が語気を強めるのもわかります。

北海道の北黄金貝塚からも

そうした水場遺構は、北海道伊達市からも見つかっています。北黄金貝塚の水場遺構からは、足の踏み場もないくらいたくさんの北海道式石冠と呼ばれる大型の磨り石と石皿が湧き水のそばから出てきました。その数は、わずか三五〇平方メートルの調査範囲から一二〇九点に達しました。面白いのは、この二種類の石器以外には、四点の完全に近い土器（壊れていたが）が出ただけでした。石クズや土器のかけらはほとんど見られなかったのです。

水場の祭祀遺構：北海道北黄金貝塚
［伊達市噴火湾文化研究所提供］

私は、直感的にいくつかの説を思いつきました。見たところほとんどの石器が壊れていることから、おそらくこの廃物を船着き場やぬかるみ防止のための石敷きなどに使ったのだと考えたのです。しかし、間もなくこの説は撤回しました。これらの石器が円形に並べられていることを知ったからです。これは単なる偶然ではなく、意図的であると感じ取り、壊れた石皿と磨り石の見方も変わりました。もしかすると、これらは壊れたのではなく、わざと壊したのではないかと。そもそも、石皿も磨り石も、かなり頑丈に作られており、ものを磨り潰《つぶ》す道具であれば、大事に使いさえすれば一生使えるはずなのに、その多くが壊れているのです。これは何かわけがあると考えました。

結局、ここはアイヌ民族の伝統的な習俗である「もの送り」の場所と同じ性格を持った場ではないかと考えました。アイヌの「もの送り」も、ものをわざと壊します。あの世とこの世は逆さまなので、壊さないとあの世に送ることができないからです。

つまり、石皿と磨り石は壊れたのではなく、わざと壊された可能性が高いということです。調査にあたった青野友哉《あおのともや》と小島朋夏《こじまともか》は「石器の廃棄に際し、それらが生まれた場所ともいえる水場において、役目を終えた道具への感謝と再生の願いを込めた儀礼」の場として位置づけ、名称も「水場遺構」から「水場の祭祀遺構」へと史跡整備の際に変えました。

じつは、赤山陣屋跡遺跡の調査者の金箱文夫《かねばこふみお》は、この遺跡から「祭祀場と思われる施設」が水辺に出てきたことを受けて、「水場が一方において生業活動の場であるとともに、神聖な空間として認識されていた可能性をうかがわせる」と述べています。

水さらし場を伴わない、どちらかというと北黄金に似た祭祀的な雰囲気のある遺跡は、群馬県の矢瀬《やぜ》遺跡からも見つかっています。

私は、水場遺構というのは生業にかかわる施設であっても、やはり祭祀的な性格も併《あわ》せ持っていたと考えます。湧き水は新しい生命の象徴でもありますから、生業とは関係なく、純粋に祭祀場である可能性も捨てきれていません。

2　忍路土場遺跡の水場遺構

忍路土場遺跡

北海道には、一九八〇年代から調査されていた赤山陣屋跡遺跡の〝先輩格〟となる水場遺構があります。小樽市の忍路土場《どば》遺跡です。国指定の史跡忍路ストーンサークルに隣接した水辺の遺跡で、発見当時、生業に関係した全国的にも珍しい「低湿地遺跡」として話題を呼びました。

遺跡は、史跡のある台地の裾《すそ》を流れる種吉沢川《たねきちさわがわ》の氾濫原《はんらんげん》に見つかりました。「棚状遺構」と呼ばれるものが一カ所と、「作業場跡」と名付けられた遺構が七カ所見つかっています。時代は三〇〇〇年ほど前です。

棚状遺構は、細い木の棒を格子状に組んだもので、交差部分は植物繊維でしばられ、ほぼ等間隔に四段に組まれていました。調査者は、もともと台地上に建てられた物干し台か作業小屋であろうと考え、作業小屋に関連した施設を「作業場跡」としました。

七ヵ所見つかった作業場跡と呼ばれる遺構は、台地の裾に連なって配置されていました。どの跡地も直径五メートル前後の円形に整地されていて、柱穴や焼土が見つかったところもありました。住居だった可能性もありますが、木組みが発見されていることから柵《さく》がめぐらされた作業用の施設（作業場跡）だと調査者は判断しています。柱材が出てきたものは作業小屋としています。

これらの遺構からも多彩な出土品が出ています。土器や各種の石器のほか、木製品、朱漆で染めた巻き糸、彩色した網布、スダレ状の繊維製品、敷物様の繊維製品、カゴ状の繊維製品、縄、樹皮、漆塗り装飾品、パン状の炭化物など、じつに多くの道具類が出土しています。

このうち私が注目するのは、七つの作業場のいずれからも出土している動物類の骨と木の実の殻です。ほかにもイルカなどの海獣、熊や狸などの陸獣、鳥類、カレイなどの魚類、また、クルミ、トチ、クリなどが出ています。

こうしたリストを見て、調理作業場だと思う人がいても不思議ではありません。事実、調査者はこうした出土品なども総合的に判断して、植物あるいは動物質食料の加工場と捉えているのです。しかし、出土品の中には生活用品とは思えないものも少なくありません。

たとえば石器の中には、超小形なのに四つの脚を付けた石皿がありました。とても実用品とは思えないものです。また、土器の中にも注ぎ口の付いたものや彩色のある鉢などがありました。これらも、とても日用品とは思えません。木組みもよく見ると、樹皮のようなものが螺旋《らせん》状に巻かれています。また、トチの実には小さな穴が開けられていて、数珠状の装身具として使われていたことも考えられます。

水場遺構は祭祀施設

私は、これらの遺構を祭祀施設として位置づけています。足付き小形石皿や朱漆の巻糸などのように非日常的な道具類が多いことと、動物や植物が出土することを重視しての判断です。トチやクリの実などの堅果類については、その時代そんなにたくさんの果実が採れる環境にはなかったはずですから、むしろヒスイや猪の牙と同じように、本州の文物に対するような特別な価値観があったのではないかと疑われます。トチの実に開けられた穴は、ヒモを通して乾燥させたのではなく、ネックレスとして扱われた可能性も否定できません。

忍路土場遺跡からは、トーテムポールのような大きな柱も見つかっています。なによりもこの施設のある台地には、ストーンサークルがあるのです。ここがたとえ作業場であったとしても、祭祀もまた行なわれていた場所ではないかと思うのです。

3　結論――水場は祭祀の場所

現在、全国的に見れば五〇ヵ所を超える水場遺構が見つかっているようです。しかし北海道には、私が知るかぎり三ヵ所しか見つかっておらず、本州のように木枠などの道具を伴い、一見してアク抜きのための水さらし場とわかる遺跡もありません。なぜ北海道と本州の水場遺構は異なるのか考えてみることにします。

そもそも本州と北海道の縄文人では、縄文時代を通してその生業（狩りや魚取りや植物採集）が異なるのです。それは、生態系の違いによるためでしょう。北海道には猪がいませんし、熊や蛇や鮫《さめ》も種類が違います。植物やキノコにも違いがあります。クリやトチの木は、古い時代には北海道には生えておらず、六〇〇〇年前に本州から北海道南部にもたらされたものです。

たしかに、北黄金貝塚や忍路土場のムラには、クリやトチの木があったかもしれません。しかし面白いことに、そうした環境になっていたとしても、北海道の縄文人は、クリやトチの実、あるいはドングリや根茎類を食べた形跡がないのです。それは、第Ⅱ章で述べたように私が一〇年ほどかけて行なった虫歯の研究でも明らかです。

虫歯の研究の結果、北海道ではいわゆるアク抜き作業がほとんど行なわれていないということがわかりました。北海道にアク抜き用の水さらし場が見つからないのは、そうした事情があるからです。したがって出土場所の生態系を無視し、先入観だけで水場遺構はアク抜きのための「水さらし場」と解釈するのは問題があるということになります。

忍路土場遺跡の水場遺構を、調理加工の場ではないと断定はしませんが、たとえ加工場だとしても、そうした作業にかかわって行なわれた何らかの祭祀の痕跡を探すことも必要でしょう。同時代に作られた台地上のストーンサークルや川辺のトーテムポール様の木柱も含めたムラ全体の構造的な解釈が求められます。

また、調査者である金箱の指摘にもあるように、本州で発掘された水場遺構も合理的な工場スタイルの調理加工場をイメージするのではなく、どこかに祭祀性が隠れていないかどうか、見直してみるべきではないかと思います。

考古学者は、生業とか交易とか経済的な解釈が大好きです。農耕における食料の生産や備蓄は、富をもたらし経済活動につながりました。しかし、農耕を行なわない縄文人は、経済が価値観の中心にはないのではないかと私は思います。おそらく、私たちの想像も及ばないような呪術宗教的な生き方をしていたのではないでしょうか。出土品や遺構についても、そうした視点から解釈することが不可欠だと考えます。

第七節　火災住居は単なる火事か

1　焼けた家と焼いた家

縄文時代の火災住居

この章の最後に取り上げるのが「火事」です。縄文時代にも火事はありました。二〇年ほど前ですが、私はあることがきっかけで、縄文人の精神性がアイヌ民族に受け継がれていることに気づき、『考古学雑誌』に「縄文時代の火災住居」という論文を書きました。案の定、まったくといっていいほど学界の反応はありませんでしたが、ただ一つ救いだったのは、NHKテレビの《視点・論点》で取り上げられ、一般視聴者からさまざまな反応をいただいたことです。とくにアイヌ民族の方から重要な情報が寄せられました。

この研究のきっかけは縄文時代の竪穴住居の火災でした。先史・古代の火災住居はそれほど珍しいものではありません。むしろ本州では弥生時代以降は戦いなどが原因で火災が頻発することから、そうした方面の研究の蓄積もありました。

葬送後、家を焼く絵［村上島の丞『蝦夷島奇観』より］

縄文時代の家が焼けていることは古くから知られていました。しかし、その原因についてはあまり関心が持たれず、研究ではむしろ焼け残った建築部材の分析結果に基づいた竪穴住居の構造解明や復元に力が入れられていたというのが実情です。

私は、北海道でたまたま縄文時代の火災住居を発掘する機会が続いたことから、その原因が気になりいろいろ調べてみたのです。その結果、たいへんに驚くことになりました。それまでの研究では火の不始末や落雷などの災害が火事の原因と考えられてきたのですが、よく調べてみると、炉跡

（囲炉裏）がないのに焼けている例が少なくないことや、時期的に見て縄文時代の中頃以降になると急に火災住居が増えることなど、従来の「火事説」では説明しきれない数多くの事例に遭遇したのです。つまり、縄文の火事には、「焼けた家」だけでなく、故意に家に火を放たれたような「焼いた家」の存在が浮かび上がってきたのです。

結局、私は、東日本の五〇〇〇軒以上の竪穴住居を一人で調べました。結果的に一〇年かかりましたが、一人で調べるということが大切でした。というのは、発掘された住居で「火事があった」と断定するのには一定の判断基準が必要ですが、微妙な判定にならざるを得ない場合もあります。そうしたときに複数の人数で調査すると、他人の意見によって見方にバイアスがかかるのです。それを避けるために、なるべく一人で判断するのが望ましいということです。

当初私は、北海道の縄文時代とそれ以降に的を絞って調査を行なっていたのですが、調査の途中で、あることに気づきました。北海道の火災住居が四〇〇〇年ほど前から急に数が増えることと、東北南部地方の土器の影響と何か関係がありそうなことが見えてきたのです。そこで、調査の範囲を東北・関東地方にまで広げました。

急増する火災住居

三四四〇軒を調査した北海道では、四〇〇〇年前から急に火災が増えて、三〇〇〇年前にピークを迎えることがわかりました。これは全道的な傾向です。調査前には、縄文時代の住居そのものの発見数が多いのは四〇〇〇年前なので、当然、同時代における火災住居も多いのではないかと考えていたのですが、しかし実際には、六〇〇〇年前でも火災住居がそれ以降と遜色《そんしょく》がないほど多かったのです。ですから、住居が多くなったから火災が増えたわけではないのです。

数字でいえば、四〇〇〇年ほど前は七・二八パーセント、六〇〇〇年ほど前は一四・七二パーセントで、それ以前の〇・三九〜二・六〇パーセントとの差は歴然としています。単に件数だけで多い少ないを判断するのでは説得力がないと考えた私は、統計学を用いて出現率の検定を行ない、その数字に意味を持たせました。その結果、これは偶然ではなくて、やはり何かがあると気づいたのです。

縄文時代だけでなく、その後の時代も、北海道から九州まで地域を問わず火災住居は発見されます。火災が急激に増える以前の数字が二パーセント程度なのは、おそらく火の不始末によって起こる一般的な火事の頻度ではないかと考えられます。これはとても興味深い数字だと思います。

ところで北海道では、縄文時代以降も火災発生率は高く推移しています。続縄文時代や擦文時代は一五パーセントを超え、さらにオホーツク文化では二九パーセントにもなるのです。擦文時代には、本州の文化の強い影響によって、住居も本州と同じカマド付の竪穴構造になります。じつは火災発生率は北海道も本州もほぼ同じなのですが、本州では政治的な社会に変貌《へんぼう》し、戦いによる火災や、たたら工房が焼けた跡、稲わらの持ち込みにかかわる火災など「焼けた家」の原因が目白押しです。しかし、いくら同じ住居構造にしたからといって、北海道の火災の原因までが本州と同じとは思えません。北海道の火災は、やはり縄文時代以来の「焼いた家」として考えるべきだと思います。

2 チセ・ウフイカとの関係

アイヌ民族の家を焼く風習

火災住居の調査を進めていく中で、私は、家を焼くアイヌ民族の風習である「チセ・ウフイカ」(家の焼却)や「カス・オマンデ」(仮小屋送り)にたどり着きました。

アイヌが家を焼くのは、あの世に旅立つ死者に家を持たせるための神聖な「送り儀礼」です。それは、絵画や紀行文といった一八世紀以降の和人の記録にもしばしば見ることができます。この研究を精力的に行なった久保寺逸彦《くぼでらいつひこ》(一九〇二~一九七一年）によれば、アイヌ民族が死者の家を焼くのは次のような理由によります（『アイヌ民族誌』）。

静内町農屋で行なわれたカス・オマンデ：昭和３４年
［藤本英夫氏撮影］

「アイヌの考えでは、家も生命のある物で、チセ、カッケマッもしくはケルン・カッケマッと呼ばれるが、どちらも〝家夫人〟の意である。家を焼くことは、その形骸を焼却することによって、内在する霊を離脱させる唯一の手段だったと思う。先に、〝アイヌの死者の国〟の項で述べた通り、死者の他界に赴いてからの生活は、現世そのままの連続である。現世そのままの生活だとしたら、この世ながらの家を必要とし、そこに行くに、先にゆく、後から行くの違いはあっても、やがて、その家で一家揃って団欒することになる。だから、男女（ことに先に死ぬ老婆や老翁の時には）いずれが死んでも、必要な家を焼いて持たしてやるということになるのではないだろうか」

私はこの考え方に沿って、アイヌ民族の習俗であるチセ・ウフイカにおける縄文時代からの連続性を探ってみたのです。

最後の「家送り」

このチセ・ウフイカという習俗には、一八七一年（明治四年）に、家を焼くのは不経済だということで北海道開拓使から禁止令が出されています。死者の出た家に葬儀代を支給する代わりに家を焼くなというものです。しかし、アイヌ民族はこの風習を昨日今日始めたわけではありませんから、そう簡単に止めるわけにはいかなかったのです。そこで考え出されたのがカス・オマンデ（仮小屋送り）だったのです。

久保寺によれば、「恐らく、家を焼く習俗の遺習であろうと思うが、死者（主に老翁や老婆）が出ると、別に小屋を建てて、これに故人の生前の副葬した以外の調度品を入れて、焼き捨てる習俗は、かなり後まで広く行なわれていたらしいし、今なお行なっているところも少なくない」といって、いくつかの例をあげています。

私が知るかぎりでは、一九五九年頃に静内《しずない》町農屋で行なわれたカス・オマンデが、おそらく最後の家送りではなかったかと思います。藤本英夫《ふじもとひでお》や更科源蔵《さらしなげんぞう》が撮影した写真とNHKが撮影した記録映像が残っています。いずれもきわめて貴重な記録です。

ところで、こうした家を焼く儀式の意味を知るうえでは、儀式に先立って行なわれるチセの「火の神様（アペフチ）」にその旨を告げる祈詞の存在が大切です。久保寺逸彦が『アイヌ民族誌』に紹介した故二谷国松《にたにくにまつ》氏の祈詞を引用してみましょう。

「……今日まで、わたしどもは、葬儀の席、その席上を、できるかぎり、懇ろに、供物も差し上げ、野辺送りも滞りなくすまし、後片付けもすべて終わったところであります。可哀そうなこの涙子（仏）が生前、その中で、毎日立ち働き、苦労してきた家でありますから、今亡くなってみると、ますます同情に堪えません。森の立樹の大神（シランバ・カムイ、この神から木材をいただき家を建てた）にもあなたからお願いいして頂いて、この家を、私たちの涙子（仏）に、用意して持たせてやるようにして頂きたいと思います。涙子（仏）は、それを持って、祖先の国に赴き、そこで、老翁（エカシ）や老媼（フチ）たちと同じ村に住み、同じ家に住み、生前の夫と共に、同じ家に睦まじく暮らせるようになるでありましょう。そのため、今、この家を亡くそうとするに先立ち、そのことを、私の拙い言葉をもって、火の媼神様に申し上げた次第であります。どうか、万事に気を付け、人々が事を取り運ぶ傍らを、よくお守り下さるよう、お願い申し上げます」

この研究以来、私は縄文文化の多くがアイヌ民族に受け継がれていると考えるようになりました。そもそもアイヌ民族は人類学的には縄文人の遺伝子を受け継いだ直系の子孫であり、たとえ物質的な文化が失われたとしても、言語や習俗などの精神文化はそう簡単には変わらないと考えたからです。

3　結論――火災住居は「もの送り」儀礼

縄文時代の火災住居を眺めていると、そこに縄文人の精神活動の軌跡を感じ取ることができるような気がします。そしてそこから見えてくるのが、アイヌ民族の習俗である家送りとの関連性です。アイヌ民族の習俗が、どの程度縄文との脈絡を保ち続けているのか、とても興味のあるところです。

結果的には、縄文人もアイヌ民族も故意に家に火を放っている点で同じですが、その意味するところまで同じかどうかはさらに検討してみる必要があると思います。シンボリズムの問題があるからです。家が子宮のシンボライズであるというのは、縄文人もアイヌ民族も共通していたと見ていいと思います。アイヌ民族の家送りは、死者の「あの世」での家を用意するという再生信仰と考えることができます。火を放って送った家が、「あの世」で生き返るということです。アイヌ民族が副葬品を壊すのも、「あの世」で生き返ることの手続きなのです。

一方、縄文時代のもの送りや家送りについては、現象面ではさまざまな推測ができますが、具体的に、焼いてどこに送るのかという問いには答えを出すことができません。しかし、アイヌの送りの習俗に照らし合わせて考えるなら、縄文人の送りもまた「あの世」での再生が祈られているのだと考えることは可能です。

アイヌの家送り（チセ・ウフイカ）は、縄文時代の中頃に東北から北海道にかけての地域に興った呪術宗教的な家焼きの習俗が、伝統的に引き継がれたものだと思います。なお、私の縄文火災住居に関する家送り説は、一部の学者に支持されてはいますが、残念ながら多くの考古学者からはまったく無視されています。現在のところは、老朽化した住居の片付けのための焼却説が受け容《い》れられているようです。せっせと後片付けに勤《いそ》しむ縄文人の姿は、ちょっとイメージしにくいのですが。

第Ⅳ章　縄文人の神話的世界観

神話は世界の目を神秘の次元に向って開き、あらゆる物象の底にある神秘の認識へと人々を導きます。その認識を失った人は神話を持つことができません。もし万物に潜む神秘を自覚したならば、宇宙はいわば聖画になります。

——ジョーゼフ・キャンベル（飛田茂雄訳）

第一節　縄文人の世界観

1　岡本太郎の「縄文土器論」

土器の名前

縄文土器にはさまざまな形態がありますが、その一つ一つに名前が付いています。この縄文土器の名前のことを「土器型式」といいます。土器型式は「入江《いりえ》式土器」や「勝坂《かつさか》式土器」といったように、その土器が最初に見つかった遺跡の名前（北海道洞《とう》爺湖《やこ》町入江貝塚、神奈川県相模原《さがみはら》市勝坂遺跡）を付けて呼ぶことになっています。

戦前の日本の考古学者は、土器がある地域ごとに一定の期間、同じ形と模様で作られていることに気づき、これを型式として整理・分類を始めました。土器型式は、前の段階の型式内容を踏まえて作られており、それはまた次の型式にも内容を大きく変えずに引き継がれていきます。

なぜそうなるのかについては諸説ありますが、縄文土器のこの便利な性質を利用して、これまで型式の認定と時代的な整理（「編年」という）が行なわれてきました。そうして一〇〇年間、日本の考古学者たちが研究を重ねた結果、今や土器型式は日本全国を網の目で覆うように細かく分類されるまでになりました。

考古学研究の王道ともいわれる編年研究がもっとも進んでいるのは関東地方ですが、ここでの型式数は、じつに九〇に迫ろうとしています。縄文時代の期間は約一万年ですから、一つの土器型式は、おおよそ一〇〇年の期間を示していることになります（『縄文土器の研究』）。

編年研究の大きな意義は、まさにこの〝もの差し〟ともいえる時間的位置の確立にあります。それによって、同時に出土する石器や土偶、集落や墓の時代的な位置づけも可能になったのです。

ところで、こうした型式偏重の研究姿勢に対して、いったいいつまで、どこまで細分化すればよいのかといった疑問の声も昔からあるのですが、型式がここまで細分化されて型式編年自体が研究の目的と化している状況の中では、あまり大きな声でそれをいうのははばかられる雰囲気があることも、残念ながら事実です。不用意にそんなことを口走ると、「縄文文化の歴史と内容を詳しく知るためには、型式は益々細分され、究極まで推し進むべき」であると、型式研究の神様である故山内清男からたしなめられそうです。

こうして考古学者が型式研究に没頭していた頃、縄文土器を見て、そこに「縄文文化の形態、およびその根底にある世界観」が存在することに気づいた男がいました。岡本太郎《おかもとたろう》（一九一一〜一九九六年）です。

岡本太郎と縄文との出会い

岡本は、若い頃、長いフランス留学を第二次大戦のために中断せざるを得ませんでした。そして失意のうちに帰国しますが、ある日、ひょんなことから縄文土器に出会います。一九五一年の暮れのことです。場所は上野《うえの》の東京国立博物館。岡本がそこで偶然見たのは、新潟県出土の火焔《かえん》土器と呼ばれる縄文土器でした。日本文化は弥生時代から始まったというそれまでの日本文化論を根底から覆すような体験に、岡本は大きな感動を覚えました。そして次のような一文を書いたのです。

「近代日本の小ざかしい、平板な情緒主義はいうまでもありません。大陸から直輸入され、そのまま伝統の中に編入され、わが国の最大の古典としてまつりあげられている、豪華で壮大な奈良時代の仏教美術などをながめても、素朴な段階にあった当時の日本とはそぐわない、爛熟した大陸デカダンス文化の、重く居丈高い気配に、なにか後味のわるさを感じたりしました。さらにさかのぼって、古墳時代の埴輪文化のあまりにも楽天的な美感にも、現代日本人にそのまま通じる、イージーな形式主義を見てとり、絶望したのです。（中略）その私が思わずうなってしまったのは、縄文土器にふれたときです。からだじゅうがひっかきまわされるような気がしました。やがてなんともいえない快感が血管の中をかけめぐり、モリモリ力があふれ、吹きおこるのを覚えたのです。たんに日本、そして民族にたいしてだけではなく、もっと根源的な、人間にたいする感動と信頼感、したしみさえひしひしと感じとる思いでした」

『みづゑ』という美術雑誌に書かれた「縄文土器論――四次元との対話」と題するこの一文は、すぐに詩人の宗左《そうさ》近《こん》を縄文のとりこにさせたほどで、多くの文化人に衝撃を与えました。しかし、考古学者の、わけても土器型式論者の意識を喚起することはありませんでした。そのへんの事情を、考古学者の小林達雄がユーモアたっぷりに書いています（「岡本太郎と縄文」）。

「岡本太郎が縄文土器、土偶や縄文人をあの眼力で発掘した。考古学の分析対象、素材としてではなく、縄文土器および縄文土器を作った縄文人に、人格を与えたのである。しかし考古学者の多くは、縄文土器が別人のように堂々と美の世界に足を踏み入れて歩き出す姿を、呆気にとられてただ眼で追って来ただけであった。考古学の領域から離れて勝手に動きだし、縄文人を追いかける暇も余裕もない。というよりも、考古学的にも追求する価値のあることに依然と気づかなかったのだ。確かに縄文土器の新しい一面を見直しはしても、美の関係者の動向を眼端に捉えながらも、まともに対峙することはなかった。せいぜい太郎問屋から卸してもらって、なるほどと合点して済ませて来た事実は否めない。考古学の研究者は、この点は反省しなくてはならない。（中略）考古学の側は投げ返された球を受けとめかねて、太郎の問題、芸術界に起った事件だと解釈して相変らず、縄文土器のカタチや文様の分析に熱中したままで、頭をもたげようとしなかった」

考古学界の重鎮小林はこのように、岡本の縄文土器論以後およそ五〇年間のブランクを総括しました。そして、「いま必要とされているのは、太郎の鋭い感性と考古学的考察の総合によって、縄文の本体に迫る姿勢である。これに十分応える力の不足を自覚せざるを得ないが、挑戦の価値はあろうというものである」と今後の考古学がめざすべきものについても触れています。

さて、私が本書でめざしたのも、まさに岡本のいう「縄文文化の形態、およびその根底にある世界観」を明らかにすることです。もちろん、型式研究や編年研究を否定するつもりはありません。ただ、型式や編年の研究は手段ではあっても目的ではないということは強調しておきたいと思います。小林がいうように、そういった研究の成果を用いながら、もうそろそろ「縄文の本質に迫る姿勢」が必要なのです。次項からは縄文土器がなぜ型式としてまとめることができるのか、型式にはどのような意味が隠されているのか、本当に型式は〝発展〟しているのか、といったことについて考えていきたいと思います。

2　縄文人の世界観に挑む

岡本が見抜いた世界観

縄文土器に縄文人の「世界観」が盛り込まれていることを見抜いた岡本太郎。その岡本を高く評価したのは詩人の宗左近、哲学者の梅原猛《うめはらたけし》、民俗学者の赤坂憲雄《あかさかのりお》、宗教人類学者の中沢新一、そして考古学者の小林達雄などです。彼らも岡本同様に縄文人の世界観の存在に気づいたのです。しかし、その世界観の具体的な内容については、彼らはなかなか明らかにすることができませんでした。

じつは岡本は、縄文文化の根底にある世界観の存在を指摘した際、その世界観の解明に果敢に挑みました。そして斬新《ざんしん》な〝答え〟を引き出したのです。そのことについては、赤坂憲雄がとてもうまくまとめています（『岡本太郎の見た日本』）。赤坂は、岡本が考えた世界観の中核に、狩猟社会における動物とのかかわりから生まれた独特の心性があることを見抜いたのです。

「狩猟の民が宿命的に背負わされている生存の秘密が、その根源に横たわるものが語り明かされている。動物の形をした神はいったい、どこからやってくるのか。太郎はいう、獲物となる動物は一義的には闘いの相手であり、敵であるが、同時に、それを糧として生きているがゆえに、全存在を委ねざるをえない相手でもある、そうして獲物は神聖な存在、すなわち神になる、と。（中略）こうした矛盾律こそが、〝原始人の生存の悲劇的な条件〟であった。生命の連鎖のなかに巻き込まれてあることとの、不安と危機。強烈な矛盾にひき裂かれながら、それに堪え、克服する原始の人びとがいる。その強靱な表情ほど豊かに誇り、示している芸術を、わたしは知らない、そう、太郎はいう」

さらに赤坂は、岡本の考える縄文世界観の背景を次のように語っています。

「狩猟文化の世界観と、縄文土器の形態や紋様との関係をめぐる考察は、いよいよ核心部分に突き刺さってゆく。縄文土器の〝異様な神秘性〟をめぐって。この複雑にして怪奇な縄文式模様は、何を意味しているのか。それはたんに、実用的な目的や美学的な意識によって作られたものではなく、強烈に宗教的・呪術的な意味を帯びており、非日常的かつ〝超自然的な、つまり四次元的性格〟を指し示している、という」

岡本太郎は縄文土器を観察し、そこに縄文人の動物とかかわる世界観が描かれていることを見抜きました。そして縄文土器は、命を奪わなければならない動物との折り合いをつけるために作り出された呪術《じゅじゅつ》宗教的な造形であると考えたのです。ところがそこに描かれている世界観は「四次元との対話」であるがため、四次元との対話ができない私たち現代人には具体的に読み解くことができないのです。また、考古学者ではない岡本には、この四次元の対話の内容を明らかにする必要はなく、それよりも、

「はげしくても無理がない。あのような美しさは、見るものを意識した卑俗さがみじんもない。つまりわれわれ現代人の考えているような目的だとか意味なんて、まったく汲みとれないほどたくましく、平気でやってのけているのです。（中略）このように平気で、明朗で、くったくのないありかたを、われわれは生きる方法、そして芸術の内容としてつかみとるべきです」としました。岡本の縄文土器論はこれをもって一定の成果とし終了したのでした。

小林達雄の意見

岡本の縄文土器論は、結局、何事もなかったかのごとく、考古学者の前をすり抜けていってしまったのです。それ以降、何人かの考古学者が縄文人の世界観の存在を取り上げましたが、やはり、その内容については明らかにすることができませんでした。

そうした考古学者の沈黙を破って意見を述べたのが小林達雄でした。小林は、縄文土器に表現された世界観は、私たちには読み解けないということを明言したのです。なぜ読み解けないのか、その理由を小林は次のように述べています（『縄文土器の研究』）。

「ひとたび獲得した幾何学的な文様モチーフに、縄文人は自らの信念を投影しながら好みの形に変形してゆくようになる。そして対称性を故意に崩したり、デフォルメや省略に理屈を与えて、形は縄文人の意志に密着する。還元すれば、縄文人の意志が文様のモチーフを決定し、意味づける。つまり、ここにいたって、縄文土器の文様は、装飾性とは別に、第一義的に縄文人の意志を反映した特別な観念すなわち世界観を表現することになったのである。これを物語性文様と呼んでいる。特に、この物語性文様は、中期の関東。中部地方も土器様式に発達し、勝坂式様式や火焔土器その他に典型をみる。

それでは、物語性文様のモチーフに、いかなる世界観、物語が隠されているのであろうか。その解読に果敢な挑戦を試みる研究者も少なくない。しかし、残念ながら、その成功は悲観的である。熱意や努力を惜しんでのことではない。（中略）縄文土器に表現された物語を知ることは、縄文世界観の門外漢にはとうてい無理である。むしろ、この壁の限界を認識することこそが、縄文土器の正しい理解につながる道なのである」

3　月のシンボリズム

読み解きの成果

岡本太郎や小林達雄が縄文人の世界観の存在を提唱したとしても、その世界観によって表現された縄文土器の形や文様が、なぜあのように奇妙奇天烈《きてれつ》、摩訶《まか》不思議な姿になるのか、そのわけは誰にも解明することができませんでした。それを読み解くことは不可能なのでしょうか。

その問題に「果敢な挑戦」を試みた学者がいます。ネリー・ナウマンの研究に刺激され、ナウマンと共に縄文土器の読み解きを行なった田中基や島亨、それに小林公明や樋口誠司たちです。田中と島は縄文造形研究会を、小林と樋口は山麓《さんろく》考古同好会を主宰しており、それらの会のメンバーも読み解きに参加しています。

彼らの膨大な研究成果をここで紹介することはできませんが、カール・ヘンツェやカール・シュスターなど図像学者の研究を積極的に援用しながら縄文土器や縄文土偶の読み解きを彼らは次々に行なってきました。

そして、彼ら同様にナウマンに刺激を受けた私も、気がつけば果敢に挑戦する輩《やから》の一人となっていました。

私は、図像学を縄文研究に援用するための理論的根拠を、ナウマンも拠《よ》って立つミルチャ・エリアーデの理論に求めました。さらに、今まで説明されてこなかった呪術宗教的心性を形づくっているものについて説明するため、カール・ユングやエーリッヒ・ノイマンの分析心理学を基盤としました。その結果、岡本太郎が気づきながらも理論的に明らかにできなかった縄文人の世界観を私なりに読み解くことができたと思っています。

最初私は、土器や土偶の形と模様だけに世界観が表現されているのだろうと考えていました。しかし、読み解きの基本に、人間とは呪術宗教的な存在だという前提を置いてみると、意外にも石器やこれまで「祭祀《さいし》道具」などとひとまとめにされてきた土製品や石製品、さらにはお墓や竪穴《たてあな》住居、ストーンサークルや貝塚などの大地のデザインにも、月のシンボリズムの考え方があてはまっていったのです。そこで、もう一度月のシンボリズムをおさらいしておきたいと思います。

月のシンボリズム

私は、ミルチャ・エリアーデやネリー・ナウマンの研究から読み解きの鍵《かぎ》が「象徴（シンボル）」にあることを教えられました。もちろん、これまでにも多くの考古学者が、ことあるごとに「象徴」あるいは「象徴的」という言葉を使ってきました。しかし、それが考古学用語とはならなかったのは、人間の根源的な思考が象徴にあることを考古学者が理解できなかったからです。残念ながら考古学者にとって「象徴」は、遺物の読み解きのキーワードにはなりませんでした。

私はナウマンに倣い、エリアーデの象徴論に依拠して縄文人の思考方法を整理しました。象徴的思考は人類が誕生以来持ち続けている根源的な思考方法です。農耕社会の合理的・科学的思考方法の影響を受けていない縄文時代は、きわめて純粋な形でものごとが象徴的に思考されていたと思われます。

これまでの考古学は、ものの形がどのように作られるのかということに関して理論的な裏付けをしてきませんでした。私は、縄文人のものづくりは、縄文人の思いつきや、合理的・機能的・経済的な発想によるものではなく、ユングのいう「元型」の一つであるグレートマザー（母なるもの）という心性に基づく「死と再生」のイメージから、さまざまな象徴が生み出され、それが基盤となって構想されたのだと考えたのです。

神話に基づくエリアーデの宗教学的解釈などにより、象徴の中核をなすものとして「月」がきわめて重要であることに気づいたのはネリー・ナウマンでした。もちろん、エリアーデ自身もそのことを強調しています。

人間は、避けて通ることのできない「死」から逃れるために、「再生」を希求する強い心性を持っています。それが「死なないもの」を次々にイメージし、象徴（シンボル）として確立するのですが、誰もが選び出した象徴が月だったのです。潮の満ち干《ひ》をはじめ、世界中のあらゆる水を司《つかさど》る天体として月は崇《あが》められました。女性が身ごもるための精液までもが、月の水になぞらえられたのです。

月は、その運行周期の同一性から女性と同格に位置づけられ、子宮あるいは女性器になぞらえられました。そして、人間だけでなく、生きるもののすべてが月の水によって生かされるのであり、その水を月からもたらすのが蛇だと考えられました。そして蛇は、形などから男根になぞらえられたのです。月（子宮）と蛇（男根）は、「死なないもの＝再生」の象徴の中核に置かれ、それにまつわるさまざまな事象とも関連づけられています。一つの体系をなしているのです。

象徴の体系

これまでに私が明らかにしてきた縄文人の「死と再生」にまつわるさまざまなシンボル（象徴）は、第Ⅱ章で図（「縄文の神話的世界観」）に示したとおりです。月と蛇につながるシンボル体系は、蛙、猪、鮫《さめ》、貝、梟《ふくろう》、熊、鯨です。いずれも脱皮や冬眠（蛇・蛙・熊）、息継ぎ（鯨）、交換歯列（鮫）、三日月状の牙《きば》（猪）が再生・甦《よみがえ》りを象徴する根拠と考えられてきました。

また、色や数も象徴的に扱われます。これもすでに第Ⅱ章で述べましたが、石斧《せきふ》や石棒が単に蛇を象徴しているだけではなく、それらの石材に緑色の石が使われるのは

「緑」という色が樹木の再生の象徴だからです。漆塗りの櫛《くし》に赤色が使われるのは「赤」が血の色として再生・甦りを象徴しているのだと思います。また、ナウマンやヘンツェが指摘するように、数字の「三」は月の相（三日月と新月前後の闇の日数）を象徴しています。つまりシンボライズはものだけでなく、色や数にも及んでいるのです。

さらに第Ⅲ章で述べたように、これまでにも何人かの意欲的な考古学者によって考えられてきましたが、竪穴住居や墓、さらにはストーンサークルや環状土籬《どり》、盛土遺構、貝塚、そして大地に作られる施設のほとんどのデザインも、やはり子宮を象徴していることがわかってきました。集落の形（住居の環状の配置）までもが、こうしたシンボリズムにのっとっているのではないかと考えられます。

「型式」が一〇〇〇年続いたわけ

縄文社会が、一万年もの長きにわたって、土器や石器、住居や墓に共通性（型式や様式）を持って推移した背景には、何か大きなメカニズムがあると考えてきましたが、それが「月のシンボリズム」だったのです。月のシンボリズムによって、縄文人の作り出した道具や大地のデザインのすべてが、意味あるものとして関連づけられるのです。このことによって縄文社会がきわめて構造的な社会だったということが徐々に見えてきました。

縄文土器の「型式」が、長い間（おそらく一〇〇〇年以上の間）引き継がれてなかなか変化しないのは、単なる流行ではなかったからです。ただひたすら「再生」を願ってシンボライズされた造形が継続されたのであって、流行や飽きに左右されることはなかったのだと思います。「月のシンボリズム」は、縄文人の「ものづくり原理」あるいは「大地のデザイン原理」と呼び換えてもいいでしょう。

第二節　月のシンボリズムの行方

1　弥生文化に受け継がれたもの

縄文の伝統はどこへ

月のシンボリズムは、縄文文化の開始と共に、その文化に強い影響を及ぼしてきました。そのことを、彼らの造形物や大地のデザインで確かめるのは、さほど難しいことではありません。難しいのはむしろ、何を象徴しているかを見抜くよりも、その象徴を表現しているレトリックをいかに見破るかだと思います。これまで多くの学者がそれに挑んでは失敗し、諦《あきら》め、匙《さじ》を投げてきました。しかし縄文世界観の読み解きはけっして不可能なことではありません。隠されたシンボリズムやレトリックに気づきさえすれば、その解明は今後急速に進むように思います。

ところで、縄文文化におけるシンボリズムとレトリックの伝統は、その後どこにいってしまったのでしょうか。そのことも気になります。弥生文化の成立によって、縄文の伝統文化は姿を消してしまったのでしょうか。北海道には弥生時代がなく、「続縄文時代」と呼ぶくらい縄文的な暮らしが長く続いたといわれます。では、本州や沖縄はどうでしょうか。

その研究はまだまだこれからですが、現在までの知見をかいつまんでお話しすると、まず本州の縄文人は、紀元前三世紀頃には、大陸からやってきた「渡来人」と混血しながら弥生人になっていきます。顔つきも体つきもずいぶんと変わります。大雑把にいうと、顔が四角く身長が低いのが縄文人で、顔がうりざね形で身長が高いのが弥生人の特徴です。

文化はどうでしょうか。大陸の農耕文化を受け容《い》れたことで、縄文人の集落の在り方や道具づくりにさまざまな変化が起きたようです。しかし、土器を見てみると、縄文文化の象徴ともいえる「縄文」がなかなか消えません。おそらく紀元後まで消えなかったのではないでしょうか。

弥生時代の土偶

縄文土偶はどうなっていったのでしょう。弥生時代にも土偶は作られるのですが、考古学ではこれを「土偶」とは呼びません。「土偶形容器」とか、「容器形土偶」などと呼び、縄文土偶とは区別しています。一般的に土偶形容器は、胴部は中空に作られ、上部は顔面の描かれた頭部として作られます。中空の胴部はたしかに壺《つぼ》や鉢の形に作られているので、土偶形容器あるいは容器形土偶でもいいのかもしれません。

私が関心があるのはその頭と顔です。縄文土偶はこれまで述べてきたように、「月の水を集めるための容器」です。人の顔を象《かたど》っていたとしても、涙や鼻水を流す様、ポカンと開けた口、頭上に描かれた渦巻きや蛇、お盆のような顔の造作など、必ず月のシンボライズが散りばめられています。そして、中空土偶であれば、頭部に必ず大きな穴が開けられています。もちろんこれは月の水を受けるための穴です。

このような観点から見ると、弥生の土偶形容器も縄文以来の月の水を集めるという機能を失っていないと私は考えます。言葉を換えれば、それは土偶そのものなのです。たとえば栃木県出流原《いずるはら》遺跡の「口縁部人面付土器」は、顔全体に広がる「口」が表現されていますが、驚くことに、その口の部分からは一匹の蛇が壺の中に水を注ぎ込もうとしています。壺型の胴部はもちろん子宮を表わしています。

群馬県有馬《ありま》遺跡の「人物形土器」も傑作です。大きな耳と口がとても印象的です。何か重要な意味がなければこのようには表現はしないでしょう。縄文以来の誇張法がレトリックとしてここでも使われているのです。ワキが甘いのも縄文土偶と同じです。

弥生時代に引き継がれたもの

ほかにも、たとえばヒスイや碧玉《へきぎょく》など緑系の石が勾玉《まがたま》に使われること、また貝の腕輪が作られていることなどが縄文時代と共通しています。とくに貝輪は縄文時代以降、盛んに作られます。これは月のシンボリズムが、貝の再生シンボライズとして、弥生文化においても重要な世界観として引き継がれた証《あかし》です。また、貝輪は埋葬と不可分の関係があります。このことからも、月のシンボリズムが弥生時代にも定着していることが見て取れます。

ここで詳しくは触れませんが、子宮に見立てられた竪穴住居も、継続的に作られています。それはさらに、古墳時代の住居構造にも引き継がれています。また、お墓の形は変わりますが死者を穴に埋めるという行為は基本的に変わりません。それどころか、子宮に見立てた「甕棺《かめかん》」が登場することからも、再生の願いを込めた縄文時代以来の子宮信仰がすたれていないことがわかります。

2　琉球文化に受け継がれたもの

沖縄の先史時代

私が沖縄の先史文化に詳しくないこともあって、本書ではあまり沖縄について触れてきませんでした。ここで沖縄における縄文文化について簡単に見ていきましょう。

沖縄の考古学における歴史区分は、かつては「旧石器時代」「貝塚時代」「グスク時代」と三期に分けられて考えられていました。なぜ日本考古学で行なっている「縄文時代」「弥生時代」「古墳時代」という区分をしないかというと、「沖縄の石器時代が縄文、弥生文化のながれの中にありながらも一方では非常に独自性が強く、日本考古学の区分概念をもってしては理解しがたいという理由から」だといいます（『新琉球史』）。

しかし、一九七五年に、読谷村《よみたんそん》の渡《と》具《ぐ》知東原《ちあがりばる》遺跡で九州地方で作られた縄文土器が見つかったことから、「沖縄土器文化のルーツがはっきりと縄文文化にあることを実証した」として、現在では貝塚時代にかわって縄文時代という時代区分が使われています。近年は、北谷《ちゃたん》町の伊礼原《いれいばる》遺跡から、新潟県糸魚《いとい》川《がわ》産のヒスイ製玉や九州産の黒曜石、さらにはオキナワウラジロガシの実を貯蔵した「水場遺構」なども見つかり、本土の縄文文化との共通性が確かなものになりつつあります。

縄文のない沖縄の土器

私の記憶では、沖縄の文化が縄文文化に含まれるのかどうかの議論の中で、沖縄の文化が縄文文化に含まれないという見解の根拠になったのが、沖縄の土器の模様に縄文が使われないということと、縄文文化の象徴ともいえる土偶と勾玉が出てこないということだったと思います。のちに勾玉は、いわゆる勾玉状の形ではありませんが、伊礼原遺跡からヒスイ製の円い玉として現われました。土偶についてはまだ出土の例がありません。

何よりも問題なのは「縄文」でしょう。沖縄の土器には、本土の土器のように表面に縄を転がしたり押しつけたりした模様がありません。つまり、縄文がないのです。ですから、このことを理由に縄文文化ではないとの意見もあったのです。しかし一方では、縄文こそ描かれませんが、本土と同じように深鉢を主体にしていること、土器の口のところに四単位の突起が付けられることが縄文的であるとの主張もありました。

私も、つねづね同様のことを考えてきました。縄の模様自体は、本土においても、最初から最後まで間断なく土器の模様に採用されていたわけではありません。貝殻による模様や、ほかの道具で付けた模様に取って代わられた時期もあるのです。中部山岳地方などでは、粘土紐《ひも》を貼り付けることでゴージャスな模様に仕上げた縄文をまったく使わない土器も出現しています。必ずしも縄の模様が縄文土器の定義を満たすものではないのです。

これは、第Ⅱ章でも触れましたが、貝殻による模様は、そもそも月のシンボライズとして採用されているものであり、月のシンボリズムに組み入れられた蛇のレトリックである縄文とは、同質の象徴的意味を持っているのです。そうしたことからも、沖縄の土器が縄ではなく線書きで蛇を表現したと考えれば、本土の縄文土器と同じ仲間と考えることも理にかなった解釈だと思います。

沖縄の竪穴住居

私が沖縄で見つけたもう一つの縄文的特質は竪穴住居です。私は一九九二年に、沖縄の伊是名島《いぜなじま》で縄文遺跡を調査する機会に恵まれました。そこではじめて沖縄にも竪穴住居があることを知って驚きました。もちろん知らなかったのは私だけで、与那城村《よなぐすくそん》からはすでに縄文時代終わり頃の竪穴住居の集落遺跡が見つかり、国の史跡に指定されていました。

伊是名貝塚で私を驚かせたことはもう一つあります。それは、人が住まなくなって土砂で埋まりかけた竪穴住居の竪穴の中にできたレンズ状の凹《くぼ》みから、たくさんの土器がまとまって出てきたことです。本州では、こうした出土の状態を「廃棄パターン」といいます。提唱したのは小林達雄です。

この廃棄パターンでは、完全な形の土器ではなくて、さまざまな土器の破片がまとまって見つかる場合があり、これを「パターンC1」と呼びます。この土器廃棄パターンC1が伊是名貝塚で見つかったのですから、私は沖縄が確実に縄文文化の仲間であることを確信したのでした。

残念ながら、沖縄における縄文時代以降の文化については、いまだによくわかっていません。北海道と同じようにその後弥生文化が及んではいないのです。暖かい地域にもかかわらず稲作文化が根付いてはおらず、沖縄独特の狩猟漁労文化が一二世紀のグスク時代が始まるまで続くのです。これはとても面白い現象だと思います。

沖縄の墓

こうして見ると、まだまだ調査はこれからですが、沖縄の縄文時代にもはたして月のシンボリズムがあったのかどうかがとても気になるところです。もちろん、沖縄から出土した土器の突起や竪穴住居の存在からも蛇や子宮のシンボライズを読み取ることはできるわけですから、月のシンボリズムが時代を経てどうなっていくのか、その行方に私はとても興味を持っています。

　なかでも、お墓の形にはたいへん関心があります。沖縄の墓は、なんとなく風葬とか乾燥葬などといって、墓穴に埋めない葬法がとられている印象がありますが、当真嗣一《とうましいち》によれば、宜野湾《ぎのわん》市の安座真《あざま》第二貝塚に見られるような墓穴に埋める葬法も少なくないそうです（『シンポジウム南島の墓』）。

　しかし、何といっても特徴的なのは、近世の亀甲墓です。私は、丘の岩をくり抜いて横穴形式の墓室を設けるいわゆる「古墓」から亀甲墓に移行したのだと思っていたのですが、これは中国から伝わったのだという説があるようです。真偽のほどはわかりませんが、沖縄では「墓は死者の家だというふうに大きく概念規定することができる」というシンポジウムにおける名嘉真宜勝《なかまぎしょう》の意見が印象的です。

　たとえ亀甲墓の起源が中国であっても、墓は死者の家とするように、意味するところは同じだと思います。結局は、墓が家であり、家は子宮であるという縄文世界観があったからこそ、中国から墓の形を受け容れたのでしょう。

3　続縄文文化に受け継がれたもの

北海道における続縄文文化

沖縄に続いて縄文時代以降の北海道についても見ていきましょう。北海道の縄文時代以降の文化は、「続縄文文化」と名付けられていることからもわかるように、縄文時代と同じような文化が続いたと考えられてきました。

まず、土器の模様にはほとんど例外なく縄文が付けられます。口の部分の突起も、小さくはなりますが依然としてなくならず、縄文時代から作られてきた鉢や壺、皿に加えて、ボール形やカップ形の土器、さまざまな台付き土器など、縄文時代にはなかった形の土器にも縄文が付けられるようになります。

石器には目立った変化はありませんが、魚形石器と呼ばれる独特の形の石器が新たに現われます。魚形石器は釣りの錘《おもり》だという説もありますが、確かではありません。矢じりは、三角形タイプもなかごのあるタイプも、より丁寧にシンメトリーに作られるようになります。お墓に入れるために丁寧に作られているという印象を私は受けます。

このように見ていくと、北海道の縄文時代以降の文化は、たしかに縄文文化を引き継いだ文化であると納得させられます。しかしその一方で、異なっている点もたくさんあります。何よりも大きな違いは、縄文文化の象徴ともいえる土偶がなくなってしまうことです。本州の弥生文化ではまだわずかに作られていることを考えると、北海道の続縄文時代に土偶がなくなるのはちょっと腑《ふ》に落ちません。

土や石で作られた祭祀道具も少なくなりました。石棒や石剣も姿を消します。さらに異形土器と呼ばれた「月の水をためる容器」も激減しています。結局、それでも「続縄文文化」と名付けられた背景には、北海道の土器におけるスタイルが「弥生式」と呼ばれる本州の土器ほど大きく転換しなかったことがあげられます。実際には、東北地方の弥生式土器と続縄文土器にはそれほどの違いがあるわけではないのですが。

変わる世界観

私がもっとも気になっているのは縄文の世界観にかかわる変化です。どういうことかというと、続縄文時代になると「月のシンボリズム」の表現に少し変化が現われてくるということです。たとえば土器を見ると、縄文は相変わらず土器の表面に付けられてはいますが、口の部分の突起が小さくなります。しかも、これまではそこに「蛇」がシンボライズされていたのに、続縄文文化では「熊」に変わるのです。北斗《ほくと》市の茂辺地《もへじ》遺跡からは二八点もの熊の頭をデザインした土器の突起部分が出土しました。そのうちの一点は、お墓に入れられたボール形の土器に付いたままの状態で見つかっています。これは道南だけでなく全道的に見られる変化です。

じつは「熊」がシンボライズされているのは土器だけではありません。続縄文時代になると、熊は骨や角で作ったヘラ状の祭祀道具の先端にも現われます。続縄文土器ではこれに「鯨」も加わります。熊や鯨は、本州でも北海道でも縄文時代の道具にはほとんど表現されてこなかった動物です。しかもそれらの動物は、縄文時代のようにレトリックを用いて表現されるのではなく、かなりリアルに表現されているのです。「熊」は縄文時代の土器や土製品にもわずかですが登場していますが、ただし、それは東北と北海道の出土品に限られています。五〇〇〇年ほど前の関東地方では土器の突起に猪が盛んにデザインされていたことを考えると、土器に表現する月のシンボライズは地域によって異なるのかもしれません。

縄文社会のネットワーク

本州でも北海道でも土器などに表現されることは稀《まれ》だった熊が、なぜ急に北海道の続縄文文化では表現されるようになったのか。そのはっきりした理由はわかりませんが、北海道に生息していない猪をシンボライズすることからもわかるように、シンボルとして土器や石器などに何を描くかは、地域ごとに判断されるだけでなく、列島を縦断する縄文社会の大きなネットワークのようなものの中で決められているようにも思えてきます。

それは、たとえば石斧の石材として緑色系の石を、全国的に使っていることからも想像できます。また、道具に大きな変化が現われるとき、たとえば縄文の模様を貝殻模様に変えるときや、土器の底を尖《とが》り底にしたり粘土の中に植物の繊維を入れ込んだりというときにも、そうしたネットワーク機能が働いていたのかもしれません。

あるいは、そうした大きなネットワークのようなものの中で地域のアイデンティティが主張されて、シンボライズが決まることがあった可能性も否定できません。沖縄が、土器の模様を決めたときがそうだったのではないかと私は疑っています。蛇のシンボライズとしての縄の模様を採用せず、口の部分の突起と線書きの模様だけで蛇を表わそうと決めたのではないかと。そのように考えていくと、北海道が、猪から熊に再生のシンボルを転換したのも、本州の文化の動向によってのことではなかったかと思えるのです。あるいはヒスイにしても南海産の貝輪にしても、そして土器や土偶のデザインにしても、縄文時代を通じて北海道の縄文社会は、つねに本州の縄文社会にシンボライズの選択権を握られていたのかもしれません。そしてそうした本州の呪縛《じゅばく》から解き放たれて北海道独自のシンボライズを打ち立てたのが続縄文文化だったといえるのかもしれません。

そういう意味では、「続縄文文化」というよりは「新縄文文化」とか、あるいは「弥生文化」のようにまったく新しい文化の名前を与えるべきだったと思えてきます。ちなみに、続縄文文化の前半期は、道西南部では「恵山《えさん》文化」と呼ばれ、道東北部では「宇津内《うつない》文化」と呼ばれています。また後半期は大雑把に「後北文化」と呼ばれています。私はいっそのこと、これに統一した方がいいのではないかと思います。

4　アイヌ文化に受け継がれたもの

縄文文化の行方

北海道における縄文文化の行方についてもう少し考えてみましょう。北海道では縄文文化が続縄文文化を経て擦文文化に受け継がれ、さらにはアイヌ文化に引き継がれたとする説があります。だとするならば、アイヌ文化に縄文文化の月のシンボリズムが受け継がれている可能性があります。

アイヌ文化をシンボリズムという観点から分析した人類学者がいます。山田《やまだ》孝子《たかこ》です。こうした象徴人類学の視点からのアイヌ文化研究は、おそらく山田以外には例がなく、私はとても新鮮な思いで山田の『アイヌの世界観――象徴人類学的アプローチ』を読みました。

山田によれば、縄文文化とアイヌ文化の関係を考えるうえで重要なのはやはり「熊」です。すでに触れましたが、熊は縄文時代を通じて本州でも北海道でも土器などに表現されることはきわめて稀な動物です。同様に、狼、犬、梟、鯨といった動物も描かれることが稀です。しかし遺跡からその骨が出土することは少なくありません。とくに犬は、食用に供された形跡はほとんどなく、むしろ埋葬された例もあることから、猟犬として飼われていた可能性が高いようですが、何かに描かれるということは熊や狼同様ありませんでした。さらに奇妙なのは、北海道には棲息《せいそく》していない猪、鮫、マムシといった生物が北海道では縄文時代を通じてシンボライズされているのに、アイヌ文化の時代になるとその姿が見えなくなるのです。

たとえば北海道では、猪の牙（下顎《あご》の犬歯）と指の骨が、これまでに三〇ほどの遺跡から見つかっています。指の骨は縄文時代の終わり頃の遺跡で見つかることが多く、焼けて出てくることもあります。なぜ焼けているのかは残念ながらわかっていませんが、私には何か呪術的な理由のように思えます。また、下顎の犬歯は、おそらく本州と同様に月（三日月）のシンボルとして扱われていたのではないかと考えます。

蛇についていえば、現在、北海道にはマムシもアオダイショウも棲息しています。ただし、マムシは縄文時代から北海道にいたかどうかはわかりません。北海道の縄文人がアオダイショウではなく、棲息していないマムシにこだわったのだとしたら、それは猪へのこだわりと同様に、月のシンボリズムを表現するのは本州のマムシでなければならない理由が何かあったのだと思います。

鮫については、ホホジロザメなど大型の鮫の歯が縄文時代の遺跡からは出土しています。北海道近海にはアブラツノザメといった小型の鮫は棲息していますが、ネズミザメ科のホホジロザメやアオザメなどいわゆる「ジョーズ」の類《たぐい》は稀です。つまり、北海道の縄文人が手に入れているこれら大型のサメの歯も、ヒスイや南海産の貝製品同様、本州から入手していた可能性が高いのです。

こうした北海道のシンボリズム事情を考慮したとき、結局、縄文時代に北海道では本州のシンボリズムをすべて受け容れていたことがわかってきます。本来は、北海道に棲息するシマフクロウやヒグマ、鯨（シャチ）が、シンボライズされてしかるべきだったのに、そうはなっていません。その点が私はなんとも合点がゆきません。

「強さ」と「優位性」

山田孝子の研究によれば、アイヌ民族の習俗が和人によって記録され始めた一八世紀以降には、シマフクロウとヒグマ、鯨、そして蛇が、彼らの世界観の中核に置かれ、シンボライズされています。

月のシンボリズムに従えば、シマフクロウは、その黄色い虹彩《こうさい》が満月をイメージさせ、加えて夜行性であることから「死と再生」のシンボルとなります。ヒグマは冬眠で姿を消しますが、メスは春になると冬眠中に出産した子熊と共に現われるという様がまさに「死と再生」のシンボリズムとなったのでしょう。さらに、シャチ（鯨）は海中に姿を消しては息継ぎのために海面に姿を現わす様子が、ヒグマ同様にシンボライズされる理由であったと私には理解されます。

ところが山田によれば、彼らがそれらの動物をシンボライズするのは、それらが海、山、空、地下という「空間カテゴリー」を象徴するからで、どの動物も「強さ」と「優位性」を持っているというのです。ようするにアイヌ民族は、シマフクロウは空の、ヒグマは山の、そしてシャチは海の支配者だと考えているのです。さらに、蛇については地下の象徴であるとともにコタン（ムラ）の中心をシンボライズするのだといいます。

山田の研究に触れてアイヌ文化について門外漢の私も、縄文文化とアイヌ文化の関連について今、あらためてさまざまなことを考え始めています。そもそも、本州であれ北海道であれ、私たち考古学者が確認できるシンボライズは、いずれも土器と土偶などに限られており、それらの中にはたしかにフクロウもヒグマも鯨もほとんど登場しません。しかし、だからといって、そうした動物のシンボライズがなかったかというと、それはまだわかりません。

続縄文時代になって初めて熊が土器やほかの道具にシンボライズされていることを考えると、たとえば遺物として残らない衣服や木製品などにも表現されていた可能性があります。本州では、たまたま弥生社会に移行したことから世界観の転換を余儀なくされて熊や鮫をシンボライズすることがなくなったのかもしれません。ただし、蛇のシンボライズだけは唯一残って、弥生文化や古墳文化にまで受け継がれていきます。

シンボリズムの違い

私は、アイヌ民族が動物の中に「強さ」や「優位性」を見てシンボライズするようになったのは、もしかすると後世の和人文化の影響ではないかと考えています。狩猟採集民である縄文人にとって再生信仰こそが社会の中核に据えられた観念（世界観）であり、弥生社会以降の富や権力を得るために必要な「強さ」や「優位性」という観念は縄文時代にはなかったと考えるからです。このこととも関連しますが、アイヌ民族のユーカラや説話の中に月をテーマとするものが極端に少ないことも非常に気になる点です。本州の弥生時代以降の文化に、縄文文化の伝統である月や蛇のシンボリズムが連綿と受け継がれていることを考えると、それが北海道に残っていないのはとても不思議です。

また、続縄文文化の項でも触れましたが、本州〝主導〟のシンボライズから北海道独自のシンボライズへ移行していく中で、縄文時代には影を潜めていたヒグマとシャチ（鯨）とシマフクロウを積極的に選択したのが続縄文文化です。その時点では、月のシンボリズムは社会的に機能していたと思いますが、その後の和人文化との接触の中で、シンボリズムの意味自体が「再生」から「強さと優位性」に変質してしまったとも考えられます。

一方で、縄文の火災住居にまつわる儀礼の伝統がアイヌ民族の家を送る葬送儀礼に受け継がれているとすれば、縄文伝統の「再生思考」がそのまま受け継がれていると考えることができます。それはとりもなおさずアイヌ文化のすべてが「強さと優位性」に変質したわけではないということも意味しています。

「強さと優位性」をシンボライズするアイヌ民族の世界観がいつから始まったのか、またなぜそうなったのかについては、もう少し時間をかけて考えていかなければならないと思っています。

5　現代に潜む縄文のシンボリズム

神社とのつながり

最後に、古代や中世そして近世についても触れておきましょう。まさかそこまで縄文文化はつながってはいないだろうと誰もが思うでしょうし、教科書や概説書でも弥生文化の説明に縄文文化の影響が残っていることは書かれていません。書かれているのは渡来人の移住と、その渡来人と縄文人との混血によって生み出された新しい人々（弥生人）の新しい文化（弥生文化）です。縄文文化の出る幕はほとんどありません。

私もかつては、弥生文化や古墳文化に縄文文化の影響があるとはあまり考えていませんでした。しかし、縄文文化の核となる月のシンボリズムの存在に気づいてからは、弥生文化や古墳文化のみならず、古代から中世、近世、さらには近現代の文化にまでも、縄文文化の伝統が受け継がれているのではないかと疑うようになりました。なかでも気になるのが神社です。

この問題については、植田《うえだ》文雄《ふみお》の研究があります（『古代の立柱祭祀』）。古今東西の立柱や神樹、そして男根にまつわる祭祀をめぐる労作です。ここでは、縄文時代の巨木遺構やストーンサークルを「呪術的」な性格の立柱として紹介しています。しかし残念ながらこれらは、弥生時代の遺跡から見つかる立柱遺構とは性格が異なるというのです。

九州の吉野ヶ里《よしのがり》遺跡などから発見された立柱遺構は「王の墳墓と結びついた」性格を持つものとし、また古墳時代の立柱は「中国のしくみと古代仏教の影響が認められる宗教儀礼としての律令系立柱祭祀」であり三者はそれぞれ系統を異にしているとしています。

神社との関連では、長野県の諏訪《すわ》大社に伝わる「御柱祭《おんばしらまつり》」は律令《りつりょう》系立柱祭祀の系統であり、縄文の立柱との関連性については「少し冷静にみておく必要がある」と、縄文＝御柱説には釘《くぎ》を刺しています。

積極的な発言

一方、この問題について熱心に発言しているのは考古学者の小林達雄です。小林は、「縄文人の世界観の一部が、縄文の風景創造や記念物造営によく反映されている事実を概観」したうえで、これが縄文時代の終焉《しゅうえん》とともに消滅したわけでは決してないことを力説します（「縄文世界から神社まで」）。「一万年以上もの自然との共存共生を通して刷り込まれた文化的遺伝子、つまり、コトバに込められて、弥生、古墳時代から古代、中世を経て近現代まで継承されてきているのである。それが神道的世界観、日本人の言動のはしばしに見え隠れしている。時には縄文ムラに寄り添うかのごとくに神社が隣り合っている場合などに象徴的に現われている」と。

縄文文化の精神性が、神社信仰の中に息づいていることを積極的に主張したのは、民俗学者の吉野裕子です（『蛇』『山の神』）。吉野は、縄文の石棒は男根崇拝としての蛇の見立てであり、それは弥生時代以降もさまざまな道具に継承されていったといいます。それはたとえば、現代の神社信仰の中にもその伝統を垣間見《かいまみ》ることができるのだと。

私も最近、吉野や小林が指摘したように、神社（神道）と縄文文化の本質的な関係について考えるようになりました。たとえば、縄文時代に確立された敷石住居やストーンサークルなどに見られる蛇と子宮のシンボライズ（円が子宮で張り出しが蛇）が、その後の前方後円墳に代表される古墳の形（前方部が蛇で後円部が子宮）や、神社の本殿（子宮）と参道（蛇）の位置関係にまで受け継がれているのではないかと。

また、蛇神社はもちろんですが、全国各地に遺《のこ》されている雨乞い神事や道祖神、神社につきものだった「蛇の目土俵」まで、神社の神事はすべからく月の水を運ぶ蛇（男）とその水で身ごもる子宮（女）がおりなす再生（甦り）神事だったのではないかと考えています。ようするに神事とは、月をめぐる再生の祈りであり、そこで行なわれる行為や使われる道具などのすべてが月のシンボリズムと結びついていると私は考えているのです。神社の神事は、かつては満月の夜に行なわれていたそうですから。

第三節　縄文文化の本質

世界遺産としての価値

もうずいぶん前の話ですが、「北海道・北東北を中心とした縄文遺跡群」を世界遺産に登録しようということになり、関係者がいろいろ動き出したとき、所管の文化庁の本中真《もとなかまこと》調査官から「縄文文化の世界遺産としての普遍的価値はどこにあるのか」と質問されたことがあります。

恥ずかしながら、そのとき私は明快な答えを返すことができませんでした。それは私自身がこれまで縄文文化の本質がどこにあるのかということをあまり意識してこなかったからに他なりません。あわてて、かねてより刺激を受けていた西田正規《にしだまさき》の『縄文の生態史観』や、その後に書かれた西田の論考（「縄文時代の安定社会」）を読み直しました。

そしてあらためて、縄文文化の本質は西田の指摘する「変化しない安定社会」にこそ隠されているのではという思いを強くしたのでした。「文明とは異なる世界」「神話的世界に生きる縄文人」などと題される西田の見解は、まさにそうした縄文文化の本質をえぐり出す確かな内容にあふれています。

「技術や生産力の発展があるとして、(中略)この時代の歴史を把握する視点がある。縄文時代の基本的な道具や技術水準、集落の様相などの変化を追い、技術発達という枠組みによって縄文時代の歴史をとらえようとする試みである。しかし縄文時代の社会では、社会的不平等を顕在化させることはむしろ回避されたようであり、技術や生産力、社会規模、あるいは軍事力を発達・拡大させることに社会的関心が集中していたとも思えない。このような社会の歴史を理解するために、文明の歴史を理解するのと同じ枠組みで、技術や生産力の発達過程といったことに視点を置いて歴史を再構成するのは、少々ピントが外れているように思われる。

縄文文化は、文明とは異なる世界である。そこには文明の歴史とは異なる歴史の方向があるだろう。技術や生産力の発達過程を追うことは、私たちは了解しやすい歴史の視点ではあるが、それを通してこの文明以前の歴史を見るなら、縄文時代の歴史をただ私たちの歴史に隷属させる作業にしかならないだろう。縄文時代の文化や社会の本質に深くかかわり、歴史的エネルギーの源泉となったところに焦点を定めて縄文時代の歴史の枠組みを構築しなくてはならない」

西田が考える縄文人の歴史的エネルギーの源泉、それはもちろん「神話的世界に生きる」ことです。であれば、縄文人がそのような「神話的世界の拡大に大きなエネルギーを注ぎ、それを充足させることに成功してきた」、まさにその高い精神性にこそ縄文文化の本質があるのだと思います。

じつは、私がネリー・ナウマンの研究に接したのは、ちょうどその頃でした。縄文土器や土偶を、それまでと違った視点から眺めていくうちに、少しずつですが縄文人の世界観が見えてきました。西田のいう神話的世界観です。その神話的世界観の中核にあるものが「月」であり、縄文時代が月のシンボリズムに深く根ざした呪術宗教的な社会であることも明らかになってきたのでした。そして、世界文化遺産としての普遍的価値はどこにあるのかという本中調査官の質問にも、拙《つたな》いかもしれませんが一応の答えも見つけ出したつもりでいます。

最近、世界遺産登録推進会議が主催する講演会を聴く機会がありました。ある学者が縄文文化の普遍的価値についておおむね次のような説明をしていました。

「縄文文化は、本格的な農耕と牧畜を持たず、狩猟、採集、漁労生活を基盤としながらも定住をなしとげ、一万年もの間継続したきわめて特徴的な新石器文化である。自然崇拝の信仰を持ち、四季ごとの豊かな自然と共生し続けた文化である。集落生活は成熟し、ストーンサークルなどの記念物の構築や祭祀も盛んに行なわれ、世界に先駆ける土器や弓矢の発明などものづくりの技術も発達し、遠方との交易も行なわれた。そして自然との共生は日本固有の自然崇拝思想のもととなり、現代日本人の価値観や自然観の形成に大きな影響を与え、日本文化の基層ともなった」

話の最後は、ナショナリズムとも受け取られかねない微妙な表現になっていますが、より問題なのは、こういった生活のもとになっている縄文人の思考方法（神話的思考）にまったく触れられていないことではないでしょうか。そういう暮らしに至るまでの根源的なものの考え方に触れられていないということが問題だと私は考えます。

また、ある新聞では、新たに追加された遺跡が関係者によって紹介されていましたが、「縄文文化で最大規模の記念物といわれる千歳市キウス周堤墓群と道内最大規模の盛土遺構を伴う集落跡である函館市垣ノ島遺跡。いずれも迫力ある国指定の史跡だ」と規模の大きさと迫力が強調されています。

本当に、そうした点に世界遺産としての普遍的な価値があるのでしょうか。おそらくは世界遺産の正式登録のためには、もっと確かな普遍的価値が求められるでしょうし、何よりも、縄文文化の本質がどこにあるかを明らかにする必要があります。

縄文文化の本質

縄文文化の本質は、くり返し本書で述べてきたように、「人間の根源的なものの考え方」に支えられた「高い精神性」にこそ求められるべきであり、世界遺産としての普遍的価値もまた、そこにあるのです。世界遺産が求める普遍的価値をこれほど雄弁に物語る文化は、おそらく縄文文化を除いてほかにはないと私は強く確信しています。

ここまで読まれた方はもうお気づきでしょうが、人間の根源的なものの考え方は、農耕文化や科学の登場と共に徐々に変容し、文明の名のもとに、ヨーロッパでもアジアでも、そのほとんどが失われてしまいました。

ところが、日本列島の縄文文化だけは、世界がこぞって農耕文化を始め新石器文化に移行したというのに、依然として狩猟と採集・漁労だけで生き抜き、世界でも類を見ない見事な土器や土偶造形の文化を作り上げたのです。あの岡本太郎が「四次元との対話」といって感嘆の声をあげたそれらの造形は、現代の私たちには真似することのできない、きわめて高いレベルの知的造形であることは誰もが認めるところでしょう。

農耕文化や文明の影響をまったく受けずに、「人間の根源的なものの考え方」がこれほどしっかりと一つの文化として残されているのは、おそらく世界の中でこの縄文文化だけではないでしょうか。このことは日本だけではなく、まさに人類にとって喜ぶべきことだと思います。世界の人々と共に縄文遺跡群の世界遺産登録の喜びを共有できる日がくることを待ち望みます。

あとがき

私たち考古学者は、無意識のうちに、合理的で経済的で、今すぐにでも外資系企業や役所で働けそうな縄文人をつくり出していることに、そろそろ気づくべきではないでしょうか。また多くの国民も、考古学者のつくり出す、そうした経済的縄文人像が誤りであることに気づくべきだと思います。

私の研究スタンスは、決して時流にのったものではありません。おそらく、ほとんどの考古学者からは、「それは考古学ではない」と一蹴《いっしゅう》されるでしょう。しかし、少なくとも、この一〇〇年間だれも明らかにすることのできなかったいくつかの謎に対し、一つの答えを出すことに成功したのです。いや、失敗しているかもしれません。ただし、答えは違っているとしても、ものの考え方、ようするに「方法」は間違ってはいないと信じています。

答えも正解だという自信はありますが、それに固執するつもりはありません。私が望むのは、これまで多くの考古学者が、方法を示さずに、あてずっぽうの答えだけを出して、それが考古学だとうそぶいてきたことの過ちに早く気づいてほしいということです。

数年前ですが、札幌《さっぽろ》で開催された《シカン展》の会場で、入り口に掲げられていた島田泉《しまだいずみ》南イリノイ大学教授のメッセージに釘付《くぎづ》けとなりました。

「考古学の究極の目的は、人間とはいったいどのような存在なのかを知り、われわれがどこから生まれどこに向おうとしているのかを問うことにあります」と書かれたその一文に、私は眼が覚める思いでした。

私たち考古学者は、はたして縄文研究の成果として、縄文文化の中から、人間とは何かを見つけ出す努力をしてきたのでしょうか。大きいとか最古とかの発見に一喜一憂し、ややもすると、技術的革新こそが人類の文化を発展させたのだと考えてこなかったでしょうか。

私は、だれが考えても不思議と思える縄文人の行動に、そろそろ素直に向き合うべきではないかと考えています。縄文土器も石器も、とにかく数を作りすぎています。獣や魚・山菜を採（捕）る、調理する、食べるだけのためには、明らかに多すぎる彼らのものづくりを、経済的・機能的な側面だけで考えても、なぜそのようにたくさん作るのか、正しい答えは、これから先も導き出せないと思います。

数百年もの間、同じ場所に貝殻を捨て続けるのも合点《がてん》がいきません。竪穴《たてあな》住居も、決して快適な住環境ではないはずです。それなのに、一万年以上もの間、住み続けているのです。なんとも不思議です。

それは、グローバルな資本主義経済を基軸とした国家に暮らす私たちのような人間とは、大きく異なったものの考え方から生まれた「不思議」なのです。私たち現代人のものの考え方では、絶対に理解することのできない不思議な思考方法を持っていたと考えるべきでしょう。縄文人には縄文人独特のライフスタイルがあり、それは私たちと異なる自然に対するものの考え方、つまり世界観を基盤とした生活なのです。

多くの紙数を費やして、そうした縄文人の世界観に迫ってみましたが、とても楽しい時間でした。執筆しながら思いついたことも、たくさんありました。まだまだ、縄文人からの及第点はいただけそうにもありませんが、頭の働く限り、さらにしつこく彼らの心に分け入りたいと思います。

最後に述べておきたいことがいくつかあります。

本書の基本的な構想は、この二年間、私が出講していますす札幌医科大学（人類学）、札幌大学（考古学）、室蘭工業大学（文化保存論）の講義の中で練り上げてきたものです。講義中での思い付きを、そのまましゃべり出すこともたびたびありました。未消化でわかりにくい話に毎回つきあってくださった学生諸君には心から感謝しています。素晴しい試験の答案に、私が啓発されることもしばしばありました。

一方では、私がこの十数年間、各地で行なってきた市民向けの講演が、本書の骨子を組み立てるうえで重要な機会となったことも、感謝の一つに加えなければなりません。とくに二〇〇四年から始めた、伊達《だて》市北黄金《きたこがね》貝塚情報センターでの「縄文ロビー講座」では、二〇一二年度の講座のほとんどを、本書の構想の披露に使わせていただきました。また、私が設立にかかわってきた道内各地の「市民縄文会」の皆さんには、荒唐無稽《こうとうむけい》な話だとわかっていながら、発表の機会を何度も与えていただき、これまた感謝にたえません。

本書の刊行にあたっては、私が所属します伊達市噴火湾文化研究所の皆さんに多くのお力添えをいただきました。研究所の画塾を主宰します画家の野田弘志《のだひろし》先生と永山優子《ながやまゆうこ》先生には、何度となく私の縄文芸術論に耳を傾けていただき、率直な感想をいただいたことは嬉《うれ》しいかぎりです。また、管内の学芸員の皆さんからの支援も忘れられません。記して感謝の気持ちを表わしたいと思います。

そして、本書を完成に導くために、渾身《こんしん》の力を込めて協力してくださった北海道大学大学院生の佐藤亜美《さとうあみ》さんには深く感謝しなければなりません。本書の中に出てくる民族学、民俗学、宗教人類学の知見の多くは佐藤さんの教示によるもので、本書の内容がより充実したものなっているとしたら、佐藤さんの力以外のなにものでもないことを書き添えます。

なお、本書で述べた縄文文化の新解釈の概要については、二〇一二年七月、砺波《となみ》市教育委員会（富山県）から出された『松原遺跡発掘調査速報展《生の螺旋》』の中に、「縄文人の神話的世界観」と題して、短い論考を書かせていただきました。荒削りの内容にもかかわらず、いち早く発表の場を快く提供してくださった砺波市教育委員会の野原大輔《のはらだいすけ》さんに、心よりお礼申しあげます。

そして、本書が刊行の日の目を見たのは、ひとえに寿郎社・土肥寿郎《どいじゅろう》社長の寛容なる編集者魂の賜《たまもの》だったことも明記したいと思います。「上質な本づくり」にこだわる土肥さんのその熱い思いの一冊に加えていただいたことへの感謝はことばになりません。

最後に、伊達市移住五年目にして四九歳の若さで他界した妻啓子《けいこ》に、伊達市での私の研究の成果を見てもらえなかったことが唯一の心残りであることを記して、筆をおきたいと思います。

二〇一三年一二月

大島直行

わたしは時に応じて、モンテニューを読み、ヴォルテールを読み、ヴァレリーを読んで、かれらをつなぐフランス・ユマニスムの精神に勇気を与えられるのだが、今世界が置かれている政治的、経済的な状況だけでなく、人間と、地上に棲むほかのあらゆる生きものの生存を危うくする人間の行為と、その結果である地球の無惨な姿を前にするとき、現代のヴォルテール、現代のヴァレリーはどこにいるのかと問わずにいられなくなる。しかし、おそらくいま必要なことは、ひとりの偉大な人間の出現よりも、一人一人の人間が自分のしていることに深く思いを寄せることかも知れない。なぜなら、ヴァレリーは講演の最後に、もしヴォルテールが、第二次世界大戦がもたらした世界規模の混乱を見たとしたら(わたしはそれに加えて、今世紀の、地球全体に及ぶ危機的な状況を見たとしたら、と言い添えたい)、何というだろうかと自問して、その答えに、ヴォルテールのこんな言葉を引用しているからである。「人間は、自分が何をしているのかわかっていないのだ」。そして、ヴァレリーはこの言葉を「かつて人類について述べられた、至高にして厳粛な言葉、もっとも深い、もっとも単純な、もっとも真実な言葉」と評したのである。

——保苅瑞穂『ヴォルテールの世紀——精神の自由への軌跡』

参考文献

赤坂憲雄『岡本太郎の見た日本』岩波書店、二〇〇七年

アン・ベアリング、ジュールズ・キャッシュフォード（森雅子訳）『世界女神大全Ⅰ』原書房、二〇〇七年

石野博信「考古学から見た古代日本の住居」『家』社会思想社、一九七五年

泉拓良『歴史発掘2　縄文土器出現』講談社、一九九六年

磯前順一「土偶の出土状態と機能」『季刊考古学』30、雄山閣、一九九〇年

磯前順一『記紀神話と考古学――歴史的始原へのノスタルジア』角川叢書、二〇〇九年

岩井寛『色と形の深層心理』NHKブックス、一九八六年

植田文雄『古代の立柱祭祀』学生社、二〇〇八年

エミール・バンヴェニスト（岸本通夫監訳）『一般言語学の諸問題』みすず書房、一九八三年

エーリッヒ・ノイマン（福島章・町沢静夫・大平健・渡辺寛美・矢野昌史訳）『グレート・マザー――無意識の女性像の現象学』ナツメ社、一九八二年

エーリッヒ・ノイマン（林道義訳）『意識の起源史（改訂新装版）』紀伊國屋書店、二〇〇六年
大島直行「縄文時代の火災住居――北海道を中心として」『考古学雑誌』80、一九九四年
大島直行「装身具」『考古資料大観　第11巻』小学館、二〇〇四年
大島直行「縄文時代の虫歯率」『縄文時代の考古学10　人と社会――人骨情報と社会組織』同成社、二〇〇八年
大林太良「住居の民族学的研究」『家』社会思想社、一九七五年
大林太良「ヒスイの緑色のイメージ（シンポジウム発言）」『古代翡翠道の謎』新人物往来社、一九九〇年
岡本太郎「縄文土器論――四次元との対話」『みづゑ』558、一九五二年二月（「縄文土器――民族の生命力」に改題『日本の伝統』光文社、一九五六年／『岡本太郎の本2　日本の伝統』みすず書房、一九九九年／『日本の伝統』知恵の森文庫、二〇〇六年）
葛西励「青森県太子堂遺跡」『縄文ランドスケープ』アム・プロモーション、二〇〇五年
カール・ユング（河合隼雄監訳）『人間と象徴（上・下）』河出書房新社、一九七五年
カール・ユング（小川捷之訳）『分析心理学』みすず書房、一九七六年
カール・ユング（野村美紀子訳）『ユングの象徴論』思索社、一九八一年
G.Ferrero, *Les lois psychologiques du symbolisme*, 1895／カール・ユング（野村美紀子訳）『変

容の象徴（上）』ちくま学芸文庫、一九九二年より
カール・ユング（林道義訳）『元型論（増補改訂版）』紀伊國屋書店、一九九九年
川崎保「長野県山の神遺跡」『縄文ランドスケープ』アム・プロモーション、二〇〇五年
久保寺逸彦「家を焼却する習俗」『アイヌ民族誌（下）』第一法規、一九六九年
クロード・レヴィ＝ストロース（大橋保夫訳）『野生の思考』みすず書房、一九七六年
河野広道「貝塚人骨の謎とアイヌのイオマンテ」『人類学雑誌』50、一九三五年
小杉康『先史日本を復元する3　縄文のマツリと暮らし』岩波書店、二〇〇三年
小杉康「身体のメタファーとイメージスキーマ」『心と形の考古学――認知考古学の冒険』同成社、二〇〇六年
小林公明「縄文土器の図像学」『甦る高原の縄文王国――井戸尻文化の世界性』言叢社、二〇〇四年
小林達雄『縄文土器の研究』小学館、一九九四年
小林達雄『縄文人の世界』朝日選書、一九九六年
小林達雄「岡本太郎と縄文の素顔」『岡本太郎と縄文展図録　岡本太郎と縄文』広英社、二〇〇一年
小林達雄編『縄文ランドスケープ』アム・プロモーション、二〇〇五年
小林達雄『縄文の思考』ちくま新書、二〇〇八年

小林達雄「縄文世界から神社まで」『日本の聖地文化――寒川神社と相模国の古社』創元社、二〇一二年
コリン・レンフルー、ポール・バーン（松本建速・前田修訳）『考古学――理論・方法・実践』東洋書林、二〇〇七年
コリン・レンフルー（小林朋則訳）『先史時代と心の進化』クロノス選書、ランダムハウス講談社、二〇〇八年
佐原真『斧の文化史』東京大学出版会、一九九四年
山麓考古同好会・縄文造形研究会編『光の神話考古――ネリー・ナウマン記念論集』言叢社、二〇〇八年
縄文造形研究会編『縄文図像学Ⅰ・Ⅱ』言叢社、一九八四年、一九八九年
ジョージ・レイコフ、マーク・ジョンソン（渡部昇一・楠瀬淳三・下谷和幸訳）『レトリックと人生』大修館書店、一九八六年
ジョーゼフ・キャンベル、ビル・モイヤーズ（飛田茂雄訳）『神話の力』ハヤカワ・ノンフィクション文庫、二〇一〇年
ジョン・モリス・ロバーツ（月森左知・桜井万里子訳）『図説世界の歴史2――古代ギリシアとアジアの文明』創元社、二〇〇三年
新東晃一「南九州の初期縄文文化」『季刊考古学』50、雄山閣、一九九五年

スティーヴン・ミズン（松浦俊輔・牧野美佐緒訳）『心の先史時代』青土社、一九九八年
瀬戸健一『メタファー思考――意味と認識のしくみ』講談社現代新書、一九九五年
田口ランディ『蛇と月と蛙』朝日新聞出版、二〇一一年
田中基『縄文のメデューサ――土器図像と神話文脈』現代書館、二〇〇六年
デヴィッド・ルイス＝ウィリアムズ（港千尋訳）『洞窟のなかの心』講談社、二〇一二年
当真嗣一「考古学から見た沖縄の葬制・墓制」『シンポジウム南島の墓――沖縄の葬制・墓制』沖縄出版、一九八九年
当真嗣一「考古遺跡は語る」『新琉球史（古琉球編）』琉球新報社、一九九一年
戸沢充則編『縄文時代研究事典』東京堂書店、一九九四年
戸沢充則『道具と人類史』新泉社、二〇一二年
中沢新一『対称性人類学』講談社メチエ、二〇〇四年
長沼孝「遺跡出土のサメの歯について」『考古学雑誌』70、一九八四年
永峯光一「呪的形象としての土偶」『日本原始美術大系3　土偶埴輪』講談社、一九七七年
ニコライ・ネフスキー（岡雅雄編）『月と不死』東洋文庫、平凡社、一九七一年
西田正規『縄文の生態史観』東京大学出版会、一九八九年
西田正規「縄文時代の安定社会」『国立歴史民俗博物館研究報告』87、二〇〇一年
西脇対名夫「土偶と石棒」『新・北海道の古代Ⅰ　旧石器・縄文文化』北海道新聞社、二〇

○一年
西脇対名夫「石冠とその類品」『縄文時代の考古学11　心と信仰――宗教観念と社会秩序』同成社、二〇〇七年
ネリー・ナウマン「縄文時代の若干の宗教的観念について」『民族学研究』39、一九七五年
ネリー・ナウマン（檜枝陽一郎・田尻真理子訳）『哭きいさちる神スサノオ――生と死の日本神話像』言叢社、一九八九年
ネリー・ナウマン（檜枝陽一郎訳）『生の緒――縄文時代の物質・精神文化』言叢社、二〇〇五年
野口義磨「土偶から埴輪へ」『古代史発掘3　土偶芸術と信仰』講談社、一九七四年
能登健『列島の考古学　縄文時代』河出書房新社、二〇一一年
樋口誠司「柄鏡形住居の世界観」『山麓考古』18、一九九五年
樋口誠司「大地の月」『甦る高原の縄文王国――井戸尻文化の世界性』言叢社、二〇〇四年
ブルース・M・フード（小松淳子訳）『スーパーセンス――ヒトは生まれつき超科学的な心を持っている』インターシフト、二〇一一年
保苅瑞穂『プルースト・印象と隠喩』ちくま学芸文庫、一九九七年
松本直子・中園聡・時津裕子編『認知考古学とは何か』青木書店、二〇〇三年
松本直子「宗教的観念の発達過程（比較文化論）」『心と信仰――宗教観念と社会秩序』同成

社、二〇〇七年
南川雅雄「人類の食生態」『科学』60、一九九〇年
宮尾亨「環状列石の造営」『縄文時代の考古学11　心と信仰——宗教観念と社会秩序』同成社、二〇〇七年
ミルチャ・エリアーデ（風間敏夫訳）『聖と俗——宗教的なるものの本質』法政大学出版局、一九六九年
ミルチャ・エリアーデ（前田耕作訳）『エリアーデ著作集第四巻　イメージとシンボル』せりか書房、一九七一年
ミルチャ・エリアーデ（宮治昭訳）『エリアーデ著作集第六巻　悪魔と両性具有』せりか書房、一九七三年
ミルチャ・エリアーデ（久米博訳）『エリアーデ著作集第一巻　太陽と天空神』せりか書房、一九七四年
ミルチャ・エリアーデ（奥山倫明訳）『象徴と芸術の宗教学』作品社、二〇〇五年
ミルチャ・エリアーデ（中村恭子訳）『世界宗教史1』ちくま学芸文庫、二〇〇八年
安田喜憲『縄文文明の環境』吉川弘文館歴史文化ライブラリー、二〇〇四年
安田喜憲『蛇と十字架——東西の風土と宗教（新装）』人文書院、二〇一〇年
山内清男『日本遠古之文化』山内清男先史学論文集第一冊、一九六七年

山田孝子『アイヌの世界観――象徴人類学的アプローチ』講談社メチエ、一九九四年
吉野裕子『祭の原理』慶友社、一九七二年
吉野裕子『蛇――日本のヘビ信仰』講談社学術文庫、一九九九年
吉野裕子『山の神――易・五行と日本の原始蛇信仰』講談社学術文庫、二〇〇八年
渡邊二郎『芸術の哲学』ちくま学芸文庫、一九九八年
渡辺誠「縄文宗教と食料問題」『季刊考古学』50、雄山閣、一九九五年
渡辺誠『よみがえる縄文人――悠久の時をこえて』学習研究社、一九九六年
渡辺誠「人面・土偶装飾付土器の体系」『季刊考古学』73、雄山閣、二〇〇〇年

文庫版へのあとがき

当初、この本の出版が、それまでの縄文本とは相当にかけ離れた内容であったがために、多くの出版社から難色を示されたことが思い出されます。それだけに、本書の文庫化は、とても嬉《うれ》しく思います。この先も、長くこの本が読まれることを願わずにはいられません。

私は、二〇〇九年から、縄文時代のシンボリズムを研究してきました。これまでに私が書いてきた多くの論考に自ら感じていた違和感が、その後の研究方向の転換を余儀なくさせたのでした。考古学者の目線から、当事者である縄文人の目線への転換です。きっかけは、ドイツの日本学者ネリー・ナウマンの著書でした。当時ドイツのフライブルク大学の教授だったナウマンが書いた著書は、その後『生の緒――縄文時代の物質・精神文化』（言叢社、二〇〇〇年）と題して立命館大学の檜枝陽一郎が訳出しました。原著は、ドイツのフンボルト大学の叢書《そうしょ》の一つとして出されたものです。

内容は、副題のとおり、縄文時代の物質文化と精神文化を体系的に論じたものですが、日本人がこれまで書いてきた著書や論考と大きく異なるのは、資料解釈の方法にシンボリズム（象徴論）という方法論を導入したことです。それにより研究の視点は、当事者である縄文人の目線へと大きく舵《かじ》が切られたのでした。

これまでの縄文研究が、経済的な価値観の変化を基盤とした社会構造論あるいは社会発展論であったのに対して、ナウマンの縄文論は、道具や施設の変化に対しては、経済的な価値や発展を前提にするのではなく、生活者である縄文人の精神的な意味の重要性をシンボリズムの視点から論じたものでした。

多くの考古学者は、「人間の技術や社会は時代とともに発展する」ことを、暗黙の了解あるいは前提として、道具や施設を解釈してきたのでした。もちろん、私自身のそれまでの解釈も同様の展開をしていたわけです。これに対し、ナウマンの縄文土偶や土器の読み解きの基盤は、再生を担保するためのシンボリズム、つまり、縄文人は、道具の造形や施設の構造を、生きるために必要な再生の知恵として、それにふさわしいシンボル（象徴）の発見にエネルギーのほとんどを費やしてきたのだと理解したのでした。

ナウマンの主張を通して、私は、月と女性（妊娠）と水（羊水）と蛇に、再生のシンボルとしての普遍性を認知するにいたりました。それは、縄文人だけでなく、人類に共通した普遍的な思考基盤として、それが脳に由来するものであることにも気付き始めたのです。さらに、シンボリズム研究を進めてみた結果、「人類に共通した普遍的な思考基盤」が、カール・ユングの指摘した普遍的無意識や、高弟であるエーリッヒ・ノイマンが研究を深めたグレート・マザー元型であることに気付くまでには、それ程の時間を要しませんでした。

ナウマンは、「人類に共通した思考基盤」として、フロイトの指摘した夢などの個人的無意識を参照しました。しかし、フロイトの指摘した個人的無意識では、その心性の普遍性が担保されません。あくまでも個人的な現象に過ぎないからです。つまり、それでは、縄文人がなぜ縄を多用した同じ形式の道具を作り続けるのか、という疑問に対する答えは導き出せないということです。

個人的無意識に立脚するならば、土器や土偶は、単に暮らしぶりの変化の中から見出された文化的な造形、つまり装飾性や合理性でしかないのです。縄文土器の形や、模様に多用される縄目が、なぜ使われ続けるのか、長い場合は一万年もの長きにわたるわけで、それを単に、文化的な事象の変化、つまり、好みや飽きなどだけでは説明できないのです。

そういう紆余《うよ》曲折の研究過程のなかで、私の最初期の論考や一冊目の本書には、未熟な解釈や不適切な表現の在ることを認めなければなりません。神話についての解釈もその一つです。私は、不用意に神話という表現を使ってしまいましたが、さまざまな誤解を招いてしまう表現でした。そもそも神話は、「神」を存在させなければ成り立たないのです。縄文人が、はたして「神」を必要としていたのかどうか、そこのところを十分に議論して使わなければならなかったのです。神話的と「的」を付けたものの、あるいは使うべきではなかったのかなと反省しています。

美や婚姻、家族、集落、墓、交易、戦いなど、他にも縄文時代に存在した観念あるいは概念か否かの吟味をせずに使った言葉は少なくありません。しかし、文庫化に際して、それを改めるのは容易ではありません。二冊目の『縄文人の世界観』や、三冊目の『縄文人はなぜ死者を穴に埋めたのか』（いずれも国書刊行会、二〇一六年、二〇一七年）、さらには雑誌に投稿した論考などとの整合性を図るのは至難の業です。これらの課題は、今後刊行を予定している著作の中で、修正や充実を図ろうと考え、本書は、基本的には二〇一四年の刊行時のままで文庫化することにしました。

読者の皆様には、これまでの縄文解釈とは異なることを理解のうえ、お読みいただければ幸いです。考古学者の多くは、これまで縄文人のものの考え方が現代に生きる私たちと同じであることを前提に、さまざまな解釈を加えてきたのでした。しかし、科学的な観点からの証明は、ほとんどなされてはいないのです。「竪穴住居《たてあな》」が住居かどうかも明らかではありませんし、「集落」や「家族」だって、証明のための科学的アプローチはほとんどされていないのです。

私は、これまでの考古学を批判するつもりなどありません。型式学や編年論、分布論、材質論は、発掘資料の整理を行うためにはとても重要で必要な方法です。ただし、資料は整理されますが、それをいくら推し進めたところで縄文時代の社会構造や精神性は明らかにはならないのです。そのためには、従来にはなかった解釈理論を模索するべきであり、それは急務だと考えます。読者の皆様には、そうしたささやかな願いを持った研究として、私のシンボリズム論をあたたかく見守っていただければ幸いです。

最後に、文庫化に際し、KADOKAWA学芸ノンフィクション編集部の中村洸太さんには、お声掛けから出版まで大変にお世話になりました。心より御礼申しあげます。

二〇二〇年四月

大島直行

解説――月と蛇とコトバの詩学

若松英輔

たとえば世界中の民族にはそれぞれに「神話」があります。現代人の科学的思考からするとありえないような話が神話にはたくさん出てきますが、それは「史実」ということではありません。実際に起こったことを叙述しているのではなく、なぜ「もの」（動物・植物・鉱物）が存在し、「こと」（気象・自然）が起きるのかについての「考え方」（野生の思考）を述べているのだとレヴィ＝ストロースは指摘しています。（本書六ページ）

いつからか、誰の心のなかにも眠れる詩人がいると感じるようになった。実際に詩を書き、それを顕在化させるかどうかは別にして、言葉たりえない存在の神秘に打たれ、そこに世界と自己の関係を確かめようとする衝動は、誰にでもある。文字のないところに文学がないわけでない。ただ、記録されなかったに過ぎない。本書を読みつつ、それは縄文時代に生きた人にもおいても変わらないという思いを強くした。

この本は、考古学者による、従来の考古学という枠を創造的に突破しようとする試みだといってよいが、作者が省察を重ねる原点になったのも縄文人の詩学というべきものではなかったか。詩学とは、現代人が考えるような詩の技法ではない。それは人間と世界と超越との交わりを、感覚世界を超えたところで思惟《しい》することにほかならない。本書の「はじめに」冒頭で作者は、縄文文化に対する自らの態度を次のような端的な言葉で語っている。

縄文人は現代に生きる私たちには理解しにくい知的な精神世界に生きていました。それは人類学者が「神話的思考」あるいは「野生の思考」と呼ぶ「ものの考え方」から生み出された不思議な精神世界です。このものの考え方はじつは人類の根源的な考え方でもあるのですが、残念なことにほとんどの考古学者はそのことを理解していません。（本書三ページ）

ここでいう「精神世界」とは、怪しげなそれでない。リルケをはじめとした詩人たちが、私たちが日常的に生活する外界に対して「内界」と呼んだものに呼応する。だが、従来の日本の考古学は、縄文人にはあたかも内界が存在しないかのように考え、研究を進めてきた。作者はそのことに一貫して異議を唱える。先の一節の少し先には、考古学がある狭い世界に閉じていった理由が次のように述べられている。

そうした縄文人の精神性をないがしろにして、なぜ考古学は物質的・技術的な研究しかしてこなかったのでしょう。理由は簡単です。縄文土器や土偶、お墓や竪穴の様式に込められた縄文人の精神性（神話的思考）を読み解くための方法を、考古学という学問は持っていなかったからです。そしてそれはいまだに持ちえていません。なぜでしょう。その方法を考古学が得るためには、ほかの学問に助けを求めなくてはならないからです。考古学者はそれを避けてきました。（本書七ページ）

日本の考古学は、さまざまな学問と交わり、補完しあうような学際的態度を嫌い、縄文人の生活と人間性を即物的にとらえることに終始した、というのである。作者はこうした従来の常識を突き破ろうとする。

読者は読み進めながら、考古学者の名前だけでなく、ユング（深層心理学）やエリアーデ（宗教現象学）、レヴィ＝ストロース（文化人類学）といった二〇世紀を代表するさまざまな世界の思想家たちの名前を見て、驚くかもしれない。しかし作者がこうした名前を出すのは、衒学的（げんがく）なふるまいとしてではなく、学問的誠実からであって、思想家たちの名前や業績をまったく知らなくてもこの本を読み解くうえでの差しさわりにはならないだろう。

文頭に引用した一節にもあったが「神話」は、この本を読み解こうとするときの鍵となる言葉の一つである。縄文人にとっての神話とは何か。これが作者の出発点であり、究極点であるといってよい。それは自身の学問の始まる場所であるとともに、自己とは何かを見極めることになるだろう所でもあるからである。

現代人は、神話について多くの知識を有するようになったが、神話の本質が詩であることを忘れた。神話と詩は、淵源《えんげん》を同じくする。「神話形成的」と訳される **mythopoeic** という術語がある。ギリシア語で「生む力」を意味するポエーシス(poesis)が、**poem, poet, poetic** などの言葉と源を同じくするのは一見して明らかだ。作者が、本書を通じて解き明かそうとするのも、この命名しがたいある種の「存在のちから」なのである。

縄文時代という区分があることを私たちは中学校の「歴史」の時間に学ぶ。今、手元に中学校で使われている教科書があるが、縄文時代に割かれているのは、見開きの二ページで、マンモスと石器、縄文土器と竪穴式住居、そして土偶に関する簡単な説明が記されている程度だ。

これから歴史を学ぼうとするときに、私たちは自分が住んでいる場所に開花した文化が、とても原始的でどこか人間になり切れていないような印象を植え付けられる。もちろん、心地よいものではない。ここで「歴史」という科目が嫌いになる人すらいるだろう。事実、私がそうだった。何か釈然としない思いを抱えたまま「歴史」を学び始めた、という人は少なくないのではないだろうか。そうしたある意味で平板な学説が定着した背景にあったのも、内的生活なき縄文人という固定観念だった。作者の視座はまったく違うところに据えられている。

考古学者は、そうした土器を作った縄文人の行為を「作業」とか「労働」という視点からしか見ようとしませんでした。しかも、それは「作業効率」あるいは「生産性」という合理性・経済性を重視する視点です。考古学者は最初から縄文土器を煮炊き用の鍋《なべ》だと決めつけていますが、もしかしたらそうじゃないかもしれません。（本書一九ページ）

土器を調理器具だと決めつけるのは現代人の狭隘な感性のわざに過ぎないのではないか、というのである。

ある読者は、ここでヨーロッパの聖杯伝説を想起するかもしれない。イエスが最後の晩餐で用いた杯は、のちに『聖杯』と呼ばれ、崇高なる働きを有するものの代名詞になった。

もし、聖杯が存在したとしても、ある人の目に聖杯は、博物館に行けば多くみられる器に過ぎないかもしれない。しかし、その内実は、神のはたらきを引き受ける、朽ちることなき「器」にほかならない。さらにいえば、それは不可視な姿で、ひとりひとりの魂に、今も存在し続ける、ともいえる。

作者がこの本で試みるのも、器という遺跡を扉にした、縄文人の内界への誘いだといってよい。作者は、それらが、光を見失った現代人の「心性」の闇をつんざくものになることを願っている。

『月と蛇と縄文人』という書名もまた、鍵語によってつむがれている。読み手はこれらの三つのうち、どれか一つでも、おぼろげながらに感じとることができれば、この知の饗宴から疎外されることはない。

「縄文」という名前は、縄文土器や土偶に縄によって作られたと考えられる文様があるからだが、その「縄」が何を意味するのかはあまり語られることはなかった。このことをめぐって作者はこう記している。

「蛇の不死や再生能力に気づいていた縄文人は、きつく絡み合うオスとメスの交合の様子を『縄』で模倣し、土器の表面に回転させたり押しつけたりして、『縄文』として表現したのです」（本書六二－六三ページ）。蛇は「不死と再生」――あるいは不死と新生といってもよいかもしれない――を象徴するものとして、土器に文様として刻まれた。縄文時代は、象徴的には「蛇の時代」だったと作者は考えている。

不思議なことに、「蛇」を不死と新生の象徴としてとらえたのは縄文人だけではなかった。それはさまざまな異なる文明においても同様の象徴性をもったものとして描きだされている。「蛇」は、意識と無意識の融合と同時に万物の生成を象徴すると考え、その問題から意識の秘密を解き明かそうとしたのがエーリッヒ・ノイマンだった。ユングの高弟ともいえるし、ライバルであり、ある意味での共同研究者でもあった。

作者は自身の縄文研究とノイマンの主著『意識の起源史』を読み重ね、交通手段が限られた時代にもかかわらず、日本とは全く異なる場所で、同質の現象が起きる理をめぐって考えを深めようとする。

私は、そうした「伝播」を軽視するつもりはありませんが、それ以上に、心理学者カール・ユングやその高弟エーリッヒ・ノイマン、さらにはエリアーデが指摘する「根源的なものの考え方」で象徴を捉えることが縄文研究では大切なことだと考えています。つまり、時空を超えたシンボリズムが、必ずしも伝播だけで広まったとは考えません。（本書四五ページ）

外界の理法に基づいた物的伝播とは別に、共時的現象を可能にする内界の理があるのではないか、というのである。これは、ノイマンだけでなくユング、エリアーデが生涯を費やして探求した問題だった。

先に挙げた思想家たちに加え、ネリー・ナウマン（一九二二〜二〇〇〇年）との出会いは、作者にとって学問的に決定的なものとなった。批評家の小林秀雄は、ランボーの詩との邂逅《かいこう》を「事件」だと語ったが、ナウマンを知ったことは同質の出来事だったと、いってよい。

ナウマンはドイツの東洋学者、なかでも日本学の泰斗だった。彼もまた縄文文化に魅せられたひとりだった。彼は遺跡に事実を読み解くだけで終わりにはしなかった。彼はそこに「象徴」を「読もう」とした。

作者は「人間は象徴的人間であって、その全行為には象徴性が含まれており、しかも宗教的思考の悉くが象徴性を帯びている」とのナウマンの言葉を引きながら、彼はそこにいわば「縄文の象徴性を呪術宗教的に捉えようとし」たのだという（本書二八ページ）。

象徴は比喩《ひゆ》ではない。象徴は、私たちの生活の至るところにある、深層意識の神話的／詩的表現だといってよい。だが、現代人は、知の力によって文字を読むことに、あまりに秀でてしまったため、象徴に意味を「読む」ことができなくなっている。縄文人にとって「月」は、夜、空に浮かび、太陽の光を反射させる物体ではない。その光は、神のはたらきそのものだった。そこには光のコトバを読んだ者さえいただろう。

哲学者の井筒俊彦は、言語としての言葉とは別に、意味の象徴としてはたらくさまざまな現象を「コトバ」と呼んだ。画家にとっては色と線こそがコトバであり、彫刻家にとっては形が「コトバ」だ。作者は、縄文土器の奥に記憶されている、縄文人のコトバの生活をよみがえらせようとする。

毎夜、現れる月は、死と再生——死と新生といってもよいかもしれない——の象徴として縄文人と深く結びついていた、というナウマンの説を受け、それをさらに深めようと試みる。

ナウマンは、縄文人にとって月の光は、万物を生かす「水」として認識されていたのではなかったかと考えた。ナウマンの代表作『生の緒』によりながら作者は「月がこの世のすべての水をもたらし、人も動植物も『月の水』によって生かされていると考えるのは、科学が興る以前の狩猟採集社会の共通した思考方法だった」（本書九二ページ）と述べている。さらに作者は「月の水」をめぐって、土偶の真の役割をめぐって次のような美しい言葉を書き記す。

縄文人が再生のためにもっとも渇望したのは「月の光」です。その生の源＝「月の水」を授かるための祭祀的道具として、身ごもる姿の女性像である土偶を作ったのではないでしょうか。しかし、縄文文化の始原期（およそ一万三〇〇〇年前）には土偶の中をくり抜いて、そこに「月の水」を集めようとまでは考えなかったようです。技術的にもそれは難しいことだったのかもしれません。彼らが当初、月の水を集めるための祭祀的容器として発案したのは縄文土器だった可能性も視野に入れておく必要があります。（本書一一六ページ）

私たちは、縄文人のように「土器」を作らなくてもよい。しかし、この存在そのものが「月の水」を受け止め得る「器」であることは思い出してよい。リルケのような詩人にとって、詩を書くとは、自己をコトバの器にしようとすることにほかならなかった。

人間は今、人間との結びつきばかりに気を取られ、そこにすべてを見ようとさえしている。多くの言語を学ぶのもよい。しかし、月のコトバ、蛇のコトバを学ぶこともできる、と作者はいうのだろう。

本書は『月と蛇と縄文人――シンボリズムとレトリックで読み解く神話的世界観』（寿郎社、二〇一四年）を加筆・修正のうえ、文庫化したものです。

図版作成：小林美和子

月《つき》と蛇《へび》と縄《じょう》文《もん》人《じん》

大《おお》島《しま》直《なお》行《ゆき》

令和2年 4月25日　初版発行
令和6年 12月15日　3版発行

発行者●山下直久

発行●株式会社KADOKAWA
〒102-8177　東京都千代田区富士見2-13-3
電話　0570-002-301（ナビダイヤル）

角川文庫 22143

印刷所●株式会社KADOKAWA
製本所●株式会社KADOKAWA

表紙画●和田三造

ISBN 978-4-04-400578-8　C0121

角川文庫発刊に際して

角川源義

第二次世界大戦の敗北は、軍事力の敗北であった以上に、私たちの若い文化力の敗退であった。私たちの文化が戦争に対して如何に無力であり、単なるあだ花に過ぎなかったかを、私たちは身を以て体験し痛感した。西洋近代文化の摂取にとって、明治以後八十年の歳月は決して短かすぎたとは言えない。にもかかわらず、近代文化の伝統を確立し、自由な批判と柔軟な良識に富む文化層として自らを形成することに私たちは失敗して来た。そしてこれは、各層への文化の普及滲透を任務とする出版人の責任でもあった。

一九四五年以来、私たちは再び振出しに戻り、第一歩から踏み出すことを余儀なくされた。これは大きな不幸ではあるが、反面、これまでの混沌・未熟・歪曲の中にあった我が国の文化に秩序と確たる基礎を齎らすためには絶好の機会でもある。角川書店は、このような祖国の文化的危機にあたり、微力をも顧みず再建の礎石たるべき抱負と決意とをもって出発したが、ここに創立以来の念願を果すべく角川文庫を発刊する。これまで刊行されたあらゆる全集叢書文庫類の長所と短所とを検討し、古今東西の不朽の典籍を、良心的編集のもとに、廉価に、そして書架にふさわしい美本として、多くのひとびとに提供しようとする。しかし私たちは徒らに百科全書的な知識のジレッタントを作ることを目的とせず、あくまで祖国の文化に秩序と再建への道を示し、この文庫を角川書店の栄ある事業として、今後永久に継続発展せしめ、学芸と教養との殿堂として大成せんことを期したい。多くの読書子の愛情ある忠言と支持とによって、この希望と抱負とを完遂せしめられんことを願う。

一九四九年五月三日